Deutscher Ärzte-Verlag
Taschendolmetscher für Ärzte

Taschendolmetscher für Ärzte

16 Fremdsprachen mit Lautschrift

Unter Mitarbeit von A. Affhüppe, F. Bouzinou, N. Ergün, I. Fáczán, L. Hentges, K. Jurek-Iaia, E. Kroll, J. Marantidou, M. Nagib, T. Lampel, A. Leygeber, A. Provenzano, Ch. Radu, L. Ribeiro, Schnellübersetzer.de, A. u. G. Scholz-Poliskyy, Stein & Wiese

2. überarbeitete und erweiterte Auflage 2009

Deutscher Ärzte-Verlag Köln

1.Auflage 2003

ISBN 978-3-7691-1266-5

www.aerzteverlag.de

Bibliografische Information der Deutschen Nationalbibliothek
Die Deutsche Nationalbibliothek verzeichnet diese Publikation in der Deutschen Nationalbibliografie; detaillierte bibliografische Daten sind im Internet über http://dnb.d-nb.de abrufbar.

Umschlagkonzeption: Hans Peter Willberg und Ursula Steinhoff
Titelgrafik: Eva Kroll

Satz: Plaumann, 47807 Krefeld
Druck/Bindung: Warlich Druck, Meckenheim

5 4 3 2 1 / 614

Vorwort

Wir freuen uns, dass wir mit der 2. Auflage des *Taschendolmetscher für Ärzte* an den Erfolg der ersten Auflage anknüpfen können.
In der vorliegenden Auflage wurden die Wortlisten erweitert und aktualisiert. Mit der neu hinzugekommenen arabischen Sprache konnten wir die noch bestehende Lücke schließen und damit Ärzten und Pflegekräften für ihre tägliche Arbeit ein Instrument an die Hand geben, mit dem der Kontakt zu fremdsprachigen Patienten und/oder Angehörigen schnell hergestellt werden kann. Nicht nur das zentrale Bedürfnis, mit dem kranken Menschen kommunizieren zu können, macht den vorliegenden Taschendolmetscher so hilfreich, sondern auch die Tatsache, dass die Rechtsprechung z.B. im Rahmen eines Aufklärungsgespräches eine „Bringschuld" des Arztes vorsieht: Der Arzt muss dabei sicherstellen, dass der Patient ein Aufklärungsgespräch versteht, notfalls muss er sogar die Kosten für einen Dolmetscher tragen!
Dank der logisch aufgebauten Wörterlisten, die 244 Begriffe umfassen und in 16 Sprachen übersetzt sind, kann sich der Arzt im Erstkontakt mit dem Patienten schnell orientieren und einzelne Begriffe kombinieren, sodass einfache Parameter abgefragt werden können.
Mithilfe der sogenannten Kauderwelschlautschrift ist eine Basiskonversation sehr gut möglich, da die fremdsprachigen Begriffe problemlos ausgesprochen werden können. Aufgrund der übersichtlichen Struktur kann dem Patienten das entsprechende Wort auch vorgelegt werden.
Der Taschendolmetscher kann nur eine Auswahl wichtiger Begriffe bieten und keinen Anspruch auf Vollständigkeit erheben. Um ein ausführliches Gespräch führen zu können, ist ein Dolmetscher auch weiterhin unerlässlich.
Im Serviceteil finden Sie daher ein Telefonverzeichnis der in Deutschland ansässigen Botschaften, die bei der Beantragung eines Dolmet-

3. Beschwerden und Diagnosen

Abszess	**Abses** [abßess]
Aids	**Sida** [ssida]
Allergie	**Alergji** [aller-chi]
Anämie	**Anemi** [annemieh]
Angina	**Angina** [angina]
Angst	**Frikë** [frieke]
Appetitlosigkeit	**Mungese oreksi** [mungeße orek-ßi]
Asthma	**Azma** [ahsma]
Atemnot	**Vështirësi në frymëmarrje** [weschtie-röhsieh ne frümemariä]
Ausfluss	**Sekrezion** [sse-krähzionn]
Ausschlag	**Infeksion lëkure** [infekzion läkurä]
Auswurf	**Gëlbaze** [göl-bahse]
Bandscheibenschaden	**Dëmtim i diskut intervertebral** [dämtim i diskut intervärtebrall]
Bauchschmerzen	**Dhimbje barku** [simbiä barkuh]

Bewusstseinsstörungen	**Humbje ndjenjash** [hummbje ndjähnjasch]
Blähungen	**Gazra në bark** [gasra ne bark]
Blasenentzündung	**Infeksion i organit të derdhjes së ujit** [Infekßion i organit te dersies sse uit]
Blinddarmentzündung	**Apendisit** [apendißit]
Blut im Stuhl	**Gjak në ujin e trashë** [dschiak ne uien ä trahsche]
Blut im Urin	**Gjak ne urinë** [dschiak ne uhrineh]
Bluterguss	**Mbledhje gjaku** [mbläsieä chiakuh]
Bluthochdruck	**Tension i lartë i gjakut** [tänßieon i larte i chiakuht]
Blutung	**Hemoragji** [hämorahdschieh]
Blutvergiftung	**Helmim gjaku** [helmim djakuh]
Brennen	**Djegie** [diä-giä]
Bronchitis	**Bronshit** [bronschieht]
Bruch	**Thyerje** [ssüärijä]
Brustschmerzen	**Dhimbje gjoksi** [simbiä dschiocksi]
Darmentzündung	**Infeksion në zorrë** [infekßion ne so-re]

Diabetes	**Diabet** [diabett]
Druck	**Shtypje** [schtüpijä]
Durchblutungsstörung	**Crregullime në qarkullimin e gjakut** [tschr-reguliemä ne charkullimin ä chiakut]
Durchfall	**Shkuarje barku** [schkuariä barkuh]
Durst	**Etje** [ehtje]
Eierstockentzündung	**Infeksion vezor** [infekßion wähsorr]
Embolie	**Embolia** [ämboliea]
Entzündung	**Infeksion** [infekßion]
Epilepsie	**Epilepsi** [epilepsi]
Erbrechen	**Të vjedha** [tä wiäsa]
Erkältung	**Ftohje** [f-tochje]
Fehlgeburt	**Lindje e dështuar** [lindje e deshtuar]
Fieber	**Temperaturë** [tämpehratuhrä]
Frieren	**Të ftohtë** [tä f-tochte]

Gallenblasenentzündung	**Infeksion i tëmthit** [infekßion i tömfit]
Gallenkolik	**Gurë tëmthi** [guhre tömfie]
Gebärmutterentzündung	**Infeksion i mitrës** [infekßion i mitress]
Gehirnerschütterung	**Tronditje e trurit** [trondietje ä truh-ritt]
Gelbsucht	**Verdheza** [währ-dsösa]
Gerinnungsstörung	**Cregullime në tru** [dsch-rähgulieme nöh tru]
Geschlechtskrankheit	Sëmundje e organeve gjenitale [sse-mundiä ä organäwä genitale]
Geschwür	**Ulcër** [ultschär]
Gicht	**Infeksion i gjymtyrëve** [infekßion i gjüm-türöwä]
Grippe	**Gripi** [gri-pi]
Gürtelrose	**Varicela** [vari-e-tschellah]
Halsentzündung	**Infeksion në fyt** [infekßion nä füht]
Halsschmerzen	**Dhimbje fyti** [simbiä fühtie]
Hämorrhoiden	**Hemorroide** [hämoro-idä]
Harndrang	**Derdhje e speshtë e ujit të hollë** [dersieä äschpäschteh ä-ujit tö hoh-le]

Herzinfarkt	**Infarkt në zemër** [innfarckt nä säh-mer]
Herzkrankheit	**Sëmundje e zemrës** [sse-mundiä ä sähm-räss]
Hirnhautentzündung	**Meningjit** [mä-nin-chitt]
Hirnschlag	**Tronditje truri** [trondiehtje truhrie]
Hörstörung	**Crregullime në dëgjim** [tschreguliemä nä dächim]
Hunger	**Uri** [urie]
Husten	**Kollë** [koh-le]
Infarkt	**Infarkt** [innfarkt]
Infektion	**Infeksion** [infäkßion]
Insektenstich	**Pickim insekti** [pizkim insekti]
Ischias	**Shiatiku** [schiea-tiekuh]
Juckreiz	**Kruarje** [kruari-ä]
Karies	**Karrie** [karieä]
Knochenbruch	**Thyerje kozkash** [ssü-äriä kotzkasch]
Kopfschmerzen	**Dhimbje koke** [simbiä kokä]

Krämpfe	**Ngerrci** [ngärt-schieh]
Krebs	**Kanzer** [kahnzer]
Kreislaufstörungen	**Crregullime në qarkullimin e gjakut** [tschreguliemä nä charkullimin e-djakut]
Lähmung	**Paralizë** [praliese]
Leistenbruch	**Keputje mishi** [käputjäh mieschi]
Leukämie	**Leucemi** [le-utschemie]
Lungenentzündung	**Infeksion në mushkeri** [infekßion nä muhsch-köhri]
Magen-Darm-Entzündung	**Infeksion në stomak dhe në zorrë** [infekßion nä sstohmack ssä nä soohrrä]
Menstruation	**Menstruazioni** [mänstrua-zjoni]
Müdigkeit	**Lodhje** [lo-ssie]
Muskelriss	**Grisje muskulare** [gireßiä mußkulará]
Nervosität	**Nervozizëm** [närwosie-ssem]
Nierenentzündung	**Infeksion në veshka** [infekßion nä weschka]
Ohrentzündung	**Infeksion në veshë** [infekßion nä wäsche]
Rheuma	**Reumatisëm** [re-umatie-sem]

Rötung	**Skuqje** [sskuh-chieä]
Rückenschmerzen	**Dhimbje kurrizi mesi** [ssimbiä kuhriesie mäßie]
Schilddrüse	**Tiroidet** [tiro-idett]
Schlafstörung	**Pagjumësi** [pah-chiumeßie]
Schluckbeschwerden	**Dhimbje gjatë gëlltitjes** [simbiä chia-tä gölltie-tiäß]
Schmerzen	**Dhimbje** [simbiä]
Schnupfen	**Rrufe** [rufe]
Schüttelfrost	**Rrënqethje** [ränchäfiä]
Schwäche	**Dobësi** [dohbäßie]
Schwangerschaft	**Shtatzani** [stattsahnie]
Schwindel	**Marrje mendësh** [mahrriä mändäsch]
Schwitzen	**Perdjesje** [pördieäßjä]
Sehstörung	**Crregullimi në shikim** [tschrreguliemä nä schiekiem]
Sodbrennen	**Urth** [urs]
Stechen	**Therje** [ssärieä]

Sterben	**Drejt vdekjes** [dräit wdeck-ieäß]
Stuhldrang	**Shkuarje barku** [schkuariä barkuh]
Suizid	**Vetëvrasje** [wetwrasje]
Tetanus	**Tetanoz** [tetanoß]
Tod	**Vdekje** [wdeckieä]
Thrombose	**Trombozë** [trombos]
Tuberkulose	**Tuberkuloz** [tuberkuloß]
Tumor	**Tumor** [tumorr]
Typhus	**Tifo** [tiefo]
Übelkeit	**Trazirë në stomak** [trasiere nä sstohmack]
Unfall	**Aksident** [akßiedänt]
Verbrennung	**Djegie** [diä-giä]
Verfärbung	**Ngjyrosje** [n-tchüroßiä]
Vergiftung	**Helmim** [hälmim]
Verletzung	**Plagosje** [plagoßiä]

Verrenkung	**Ndrydhje gjymtyre** [n-drüsieä chümtürä]
Verstauchung	**Perdredhje gjymtyre** [pördräsieä chümtürä]
Verstopfung	**Bllokim** [blockihm]
Wehen	**Dhimbjet e lindjes** [siembieät ä lindieäs]
Zahnfleischentzündung	**Infeksion i mishit të dhëmbëve** [infekßion i mieschiet tö ssämbäwä]
Zuckerkrankheit	**Sëmundja e sheqerit** [ssemundia ä schä-chärit]

4. Was soll der Patient (nicht) tun

(Nicht) anrufen	**(Mos) me merrni ne telefon** [(mos) me merni ne telefon]
(Nicht) aufstehen	**Të (mos) cohet në këmbë** [tä (moss) tschohätt nä kömbö]
(Nicht) ausatmen	**Të (mos) nzjerrë frymën** [tä (moss) nßieärä frühmönn]
(Nicht) ausspülen	**Të (mos) shpërlajë gojën** [tä (moss) schpelajä gojän]
(Nicht) ausziehen	**Të (mos) zhvishet** [tä (moss) tschwieschätt]
(Nicht) baden	**Të (mos) lahet** [tä (moss) lahätt]
(Nicht) belasten	**Të (mos) mbajë pesha të rënda** [tä (moss) mbajä päscha tä rönnda]
(Nicht) bewegen	**Të (mos) lëvizë** [tä (moss) löwiese]
(Nicht) bezahlen	**Të (mos) paguajë** [tä (moss) paguaje]
(Nicht) bleiben	**Të (mos) qëndrojë** [tä (moss) chändrojä]
(Nicht) drehen	**Të (mos) përdridhet** [tä (moss) pöhrdriehset]
(Nicht) drücken	**Të (mos) shtypë** [tä (moss) schtüpe]
(Nicht) einatmen	**Të (mos) marrë frymë** [tä (moss) mare frühme]
(Nicht) einreiben	**Të (mos) fërkohet** [tä (moss) förko-hätt]

(Nicht) entspannen	**Të (mos) clodhet** [tä (moss) tschlosett]
(Nicht) essen	**Të (mos) hajë** [tä (moss) haje]
(Nicht) gehen	**Të (mos) ecë** [tä (moss) äze]
(Nicht) gurgeln	**Të (mos) bëjë gargarë** [tä (moss) böje gargare]
(Nicht) hinlegen	**Të (mos) shtrihet** [tä (moss) schtri-hätt]
(Nicht) hinsetzen	**Të (mos) ulet** [tä (moss) ulätt]
(Nicht) hochlagern	**Të (mos) ngrihet** [tä (moss) ngri-hätt]
(Nicht) husten	**Të (mos) kollitet** [tä (moss) kolli-tätt]
(Nicht) inhalieren	**Të (mos) thithë me hundë** [tä (moss) ssiehßä mä huhnde]
(Nicht) kauen	**Të (mos) përtypë** [tä (moss) pörtypö]
(Nicht) kühlen	**Të (mos) mbahet e ftohtë** [tä (moss) mbahett ä f-tochte]
(Nicht) lutschen	**Të (mos) lëpihet** [tä (moss) läpi-hätt]
(Nicht) öffnen	**Të (mos) hapet** [tä (moss) ha-pett]
(Nicht) pressen	**Të (mos) shtypet** [tä (moss) schtüpett]
(Nicht) schlucken	**Të (mos) gëlltisë** [tä (moss) göllti-ssä]

(Nicht) schreiben	**Të (mos) shkruajë** [tä (moss) schr-kuajä]
(Nicht) trinken	**Të (mos) pijë** [tä (moss) pie-je]
(Nicht) warten	**Të (mos) presë** [tä (moss) präße]
(Nicht) zubeißen	**Të (mos) shtrëngohen dhëmbët** [tä (moss) schtröngohänn ssömbätt]
Hinaus gehen	**Të dalë jashtë** [tä dahle jaschte]
Nicht rauchen	**Të mos pihet duhan** [tä moss pi-hätt duhann]
Stuhlprobe	**Prova e jashtëqitjes** [pro-wa ä jaschtötchietjeß]
Urinprobe	**Prova e urinës** [pro-wa ä urieneß]
Unterschreiben	**Firma** [fierma]
Warmhalten	**Të mbahet e ngrohtë** [tä mba-hett ä n-grochtä]
Wiederkommen	**Të vini përsëri** [tä wini pörßö-ri]
Mit Dolmetscher wiederkommen	**Të vini përsëri me përkthyes** [tä wini pörßö-ri mä pörkößüäss]

5. Ärztliche Maßnahmen

Absaugen	**Pastrim me pompë** [paßtriem mä pompä]
Bestrahlung	**Ndërhyrje me rreze** [ndör-hürriä mä räsä]
Blutdruckmessung	**Matja e tensionit të gjakut** [mahtia ä tenßionit tä djakut]
Blutentnahme	**Marrje e gjakut** [marriä ä djakut]
Bluttransfusion	**Transfuzion gjaku** [transfusion dschaku]
Bohren	**Zhbirim** [schbierriem]
Desinfektion	**Dezinfektim** [deßinfektim]
EKG	**EKG** [eh-ke-ge]
Entfernung	**Heqie** [hechiä]
Heftpflaster	**Shirit ngjitës** [schirit ndschits]
Impfung	**Vaksinim** [wackßiännimm]
Katheter	**Katedër** [kathedörr]
Krankengymnastik	**Gjimnastikë** [jimnastikä]
Massage	**Masazh** [massahsch]

Narkose	**Narkozë** [narkoseh]
Operation	**Operazion** [operahzionn]
Punktion	**Ndërhyrje me shiringë** [ndör-hürriä mä schiringe]
Röntgen	**Radiografi** [radiografi]
Ruhigstellung	**Të mos lëvizet** [tä moss läwiesett]
Schienung	**Bandazh i thyerjes** [bandahsch i ssüärieäß]
Sonographie	**Sonografi** [ssonografi]
Spritze	**Gjilpërë** [chi-elpö-reh]
Temperaturmessung	**Matja e temperaturës** [matia ä tämperatureß]
Untersuchung	**Kontroll mjeksor** [kontroll mjekeßor]
Verband	**Bandazh** [bandahsch]
Zahnfüllung	**Mbushje dhëmbi** [mbuh-schje ssömbie]

6. Medikamente

Antibiotikum	**Antibiotik** [antibiotihk]
Drogen (im Sinne von Rauschmitteln)	**Droga** [droga]

Infusion	**Infuzion** [infuhsi-onn]
Lutschtablette	**Hap, që merret pa ujë** [hap, tsche merret pa uj]
Saft	**Lëng** [löng]
Salbe	**Pomadë** [pohmaade]
Schmerzmittel	**Ilac dhimbjeje** [Il-latsch ssiämbjäjä]
Tablette	**Kokrra** [kockrrah]
Tropfen	**Me pika** [mä piehka]
Zäpfchen	**Suposta** [supohsta]
Morgens	**Në mëngjes** [ne mänchiäs]
Mittags	**Në drekë** [ne drekä]
Abends	**Në mbrëmje** [ne mbrämieä]
Vor dem Essen	**Para buke** [para bukä]
Nach dem Essen	**Mbas buke** [mbaß bukä]
Mit Wasser	**Me ujë** [mä uje]
Esslöffel	**Lugë gjelle** [luhgä dchiälle]

Arabisch

1. Personalien und Abrechnungsdaten

Name	اللقب [al-laqab]
Vorname	الإسم [al-ism]
Geburtsdatum	تاريخ الميلاد [tariekh almielad]
Tag/Monat/Jahr	اليوم/الشهر/السنة [al-jaum/aschscha-hr/assana]
Geburtsort	محل الميلاد [ma-hal almielad]
Angehörige	أقرباء [aqriba-i]
Krankenversicherung	التأمين الصحي [atta-amien asse-hi]
Versicherungskarte	رقم بطاقةالتأمين [raqam betaqat atta-amien]
Arbeitgeber	جهة العمل [Ge-hat el-amal]
Hausarzt	إسم الطبيب [ism attabieb]
Ausweis	البطاقة الشخصية [albitaqa aschschakhssija]
Adresse	العنوان [al-onwan]

2. Allgemeine Begriffe und Redewendungen

Guten Tag	السلام عليكم [assalamu aleikum]
Auf Wiedersehen	إلى اللقاء [ila alliqa-i]
Gute Besserung	بالسلامة [bessalama]
Ja	نعم [na-am]
Nein	لا [la]
Wo	أين [ajn]
Wann	متى [mata]
Wie	كيف [kaif]
Wie oft	كم مرّة [kam marra-h]
Krankenhaus	المستشفى [al-musstaschfa]
Apotheke	صيدلية [ssaidalija]
Überweisung	تحويله [ta-hwiela]
Rezept	الروشتة [arrouschetta]
Facharzt	أخصائ [akhessa-ie]

Dolmetscher	مترجم [mutargim]
Gut	حسن [hassan]
Schlecht	سيئ [ssaji-i]
Harmlos	بسيط [bassiet]
Lebensbedrohlich	خطير [khatier]
Ansteckend	معدي [mo-edi]
Akut	حاد [haad]
Chronisch	مزمن [mozmen]
Kontrolltermin	موعد متابعة الكشف [maw-ed mutaba-at alkaschf]
Entlassung	الخروج من المستشفى [alkhoroug min almusstaschfa]

3. Beschwerden und Diagnosen

Abszess	خرّاج [khorrag]
Aids	إيدز [aidz]
Allergie	حساسية [hassassija]
Anämie	أنيميا / فقر دم [animia / faqr dam]
Angina	نوبة قلبية [nauba qalbija]
Angst	خوف [khauf]
Appetitlosigkeit	فقد الشهية [faqd aschscha-hija]
Asthma	الربو [arrabow]
Atemnot	ضيق التنفس [dieq attanaffuss]
Ausfluss	إفرازات [ifrazat]
Ausschlag	طفح جلدي [tafh gildi]
Auswurf	بلغم [balgham]
Bandscheibenschaden	تلف الفقرات [talaf el-faqarat]
Bauchschmerzen	ألام البطن [alam elbatn]

Bewusstseinsstörungen	فقدان الوعي [fuqdan alwa-i]
Blähungen	إنتفاخ [intifaakh]
Blasenentzündung	إلتهاب المثانة [ilti-hab elmassana]
Blinddarmentzündung	إلتهاب الزائدة [ilti-hab elza-ida]
Blut im Stuhl	دم في البراز [dam fi elburaz]
Blut im Urin	دم في البول [dam fi elboul]
Bluterguss	نزيف تحت الجلد [nazief ta-ht elgild]
Bluthochdruck	ضغط دم عالي [daght dam aali]
Blutung	نزيف [nazief]
Blutvergiftung	تسمم دموي [tassamum damawi]
Brennen	حرقان [haraqaan]
Bronchitis	إلتهاب شعبي/إلتهاب قصبي [ilti-hab scho-abi/ilti-hab qassabi]
Bruch	كسر [kassr]
Brustschmerzen	ألام الصدر [alam assadr]
Darmentzündung	إلتهاب الأمعاء [ilti-hab el-am-aa]

Diabetes	السكري [assukari]
Druck	الضغط [addaght]
Durchblutungsstörung	إختلال الدورة الدموية [ikhtilal addaura addamawija]
Durchfall	إسهال [iss-hal]
Durst	عطش [atasch]
Eierstockentzündung	إلتهاب المبايض [ilti-hab elmaba-jed]
Embolie	إنصمام / إنسداد مجرى الدم [inssimam / inssidad magra addam]
Entzündung	إلتهاب [ilti-hab]
Epilepsie	الصرع [assara]
Erbrechen	تقيؤ [taqaiju-o]
Erkältung	إنفلونزا [infleunza]
Fehlgeburt	إجهاض / سقوط الجنين [ig-haadh / ßoqout alganien]
Fieber	الحمى [al-homma]
Frieren	شعور بالبرودة / قشعريرة [schu-oor belburoda / qasch-arira]
Gallenblasenentzündung	إلتهاب المرارة [ilti-hab elmarara]

Gallenkolik	مغص المرارة [maghass elmarara]
Gebärmutterentzündung	إلتهاب الرحم [ilti-hab erra-hem]
Gehirnerschütterung	إرتجاج المخ [irtigag el-mokh]
Gelbsucht	الصفراء [assafra]
Gerinnungsstörung	خلل تجلط الدم [khalal tagallut addam]
Geschlechtskrankheit	مرض تناسلي [marad tanassuli]
Geschwür	ورم / قرحة [waram /qurha]
Gicht	نقرس [naqrass]
Grippe	إنفلونزا [infleunza]
Gürtelrose	هربس منطقي/ الحزاز [herbes mantiqi / alhazaz]
Halsentzündung	إلتهاب الحلق [ilti-hab elhalq]
Halsschmerzen	ألم الحلق [alam elhalq]
Hämorrhoiden	بواسير [bawassier]
Harndrang	محزوق للتبول [mahzouq leltabawwol]
Herzinfarkt	ذبحة صدرية / ذبحة قلبية [zabha qalbija / zabha ssadrija]

Herzkrankheit	مرض القلب [marad alqalb]
Hirnhautentzündung	حمى شوكية / حمى سحائية [homma schaukija / homma si-ha-ija]
Hirnschlag	ذبحة دماغية / نزيف فى المخ [zabha demaghija / nazief fi almokh]
Hörstörung	إضطراب السمع [idtirab assama-i]
Hunger	جوع [gou-i]
Husten	عطش [atasch]
Infarkt	ذبحة / سكتة [zabha / sakta]
Infektion	عدوى [adwa]
Insektenstich	لدغة حشرة [Ladghat hascharah]
Ischias	عرق النسى [irq annessa]
Juckreiz	تهيج الهرش [ta-hajog alharsch]
Karies	تسوس الأسنان [tassawwuss assinan]
Knochenbruch	كسر [kassr]
Kopfschmerzen	صداع [ssudaa]
Krämpfe	تقلص [taqalluss]

Krebs	سرطان [ssaratan]
Kreislaufstörungen	إضطراب الدورة الدموية [idtirab addaura addamawija]
Lähmung	شلل [schalal]
Leistenbruch	فتاق [fitaaq]
Leukämie	سرطان الدم [ssaratan addam]
Lungenentzündung	إلتهاب رئوي [ilti-hab ri-awi]
Magen-Darm-Entzündung	إلتهاب الجهاز الهضمي [ilti-hab alge-haaz al-hadmi]
Menstruation	حيض [haidh]
Müdigkeit	تعب [ta-ab]
Muskelriss	تمزق عضلي [tamazzoq adali]
Nervosität	عصبية / نرفزة [asabija / narvaza]
Nierenentzündung	إلتهاب الكلى [ilti-hab el-kila]
Ohrentzündung	إلتهاب الأذن [ilti-hab al-ozon]
Rheuma	روماتيزم [romatizm]
Rötung	إحمرار [ihmirar]

Rückenschmerzen	ألم الظهر [alam edda-hr]
Schilddrüse	الدرقية [addaraqija]
Schlafstörung	إضطراب النوم [idtirab ennoum]
Schluckbeschwerden	إضطراب البلع [idtirab elbal-i]
Schmerzen	ألام [alam]
Schnupfen	زكام [zukam]
Schüttelfrost	إرتعاش [irti-aasch]
Schwäche	تعب [ta-ab]
Schwangerschaft	حالة حمل [halat haml]
Schwindel	دوار/ دوخة [dowar / doukha]
Schwitzen	عرق [arak]
Sehstörung	إضطراب النظر / زغللة [idtirab annazar / zaghlala]
Sodbrennen	حرقان البطن / حموضة المعدة [haraqan albatn / homoudat alma-edah]
Stechen	وخز [wakhz]
Sterben	يموت [jamout]

Stuhldrang	محزوق [ma-hzouq]
Suizid	إنتحار [inti-haar]
Tetanus	الكزاز [alkazaz]
Tod	موت [maut]
Thrombose	خثرة [khossra]
Tuberkulose	السل/ الدرن [assul / addaran]
Tumor	قرحة / ورم [qurha / waram]
Typhus	تيفود [taijfoud]
Übelkeit	تقيؤ [taqajjo-i]
Unfall	حادث [haadess]
Verbrennung	إحتراق [ihtiraaq]
Verfärbung	تغيّر اللون [taghajjur ellawn]
Vergiftung	تسمم [tassamom]
Verletzung	إصابة [issaba]
Verrenkung	خلع [khal-i]

Verstauchung	جزع [gaz-i]
Verstopfung	إمساك [imssaak]
Wehen	طلق / طلق الولادة [talq / talq alwilada]
Zahnfleischentzündung	إلتهاب اللثة [ilti-hab ellissa]
Zuckerkrankheit	مرض السكري [maradh assukkari]

4. Was soll der Patient (nicht) tun

(Nicht) anrufen	(لا) تتصل بالتليفون [(la) tatassel bettelefoun]
(Nicht) aufstehen	(لا) تقف [(la) taqef]
(Nicht) ausatmen	(لا) تتنفس الزفير [(la) tatanaffass azzafier]
(Nicht) ausspülen	(لا) تتمضمض [(la) tatamadmad]
(Nicht) ausziehen	(لا) تخلع الملابس [(la) takhla-i elmalabess]
(Nicht) baden	(لا) تستحم [(la) tassta-hem]
(Nicht) belasten	(لا) ترهقها / (لا) تحملها [(la) torheqha / (la) to-hammelha]
(Nicht) bewegen	(لا) تتحرك [(la) tata-harrak]
(Nicht) bezahlen	(لا) تدفع [(la) tadfa-i]
(Nicht) bleiben	(لا) تبقى [(la) tabqa]
(Nicht) drehen	(لا) تدور [(la) tadour]
(Nicht) drücken	(لا) تضغط [(la) tad-ghat]
(Nicht) einatmen	(لا) تتنفس الشهيق [(la) tatanaffass aschscha-hiq]
(Nicht) einreiben	(لا) تدعك [(la) tad-ak]

(Nicht) entspannen	(لا) تسترخي [(la) tass-tarkhi]
(Nicht) essen	(لا) تأكل [(la) ta-kul]
(Nicht) gehen	(لا) تمشي [(la) tamschi]
(Nicht) gurgeln	(لا) تتغرغر [(la) tatagharghar]
(Nicht) hinlegen	(لا) تستلقي [(la) tass-talqi]
(Nicht) hinsetzen	(لا) تجلس [(la) tagliss]
(Nicht) hochlagern	(لا) ترفعها عالية [(la) tarfa-oha aalija]
(Nicht) husten	(لا) تكح [(la) tako-hi]
(Nicht) inhalieren	(لا) تستنشق [(la) tass-tanschiq]
(Nicht) kauen	(لا) تمضغ [(la) tamdogh]
(Nicht) kühlen	(لا) تبردها [(la) tubarred-ha]
(Nicht) lutschen	(لا) تمصها [(la) tamossa-ha]
(Nicht) öffnen	(لا) تفتح [(la) tafta-h]
(Nicht) pressen	(لا) تحزق [(la) ta-hzaq]
(Nicht) schlucken	(لا) تبلع [(la) tabla-i]

(Nicht) schreiben	(لا) تكتب [(la) taktub]
(Nicht) trinken	(لا) تشرب [(la) taschrab]
(Nicht) warten	(لا) تنتظر [(la) tantazer]
(Nicht) zubeißen	(لا) تعض [(la) ta-udh]
Hinaus gehen	(لا) تمشي [takhrog tatamaschscha]
Nicht rauchen	لا تدخن [la todakhin]
Stuhlprobe	عينة براز [ajjinat boraz]
Urinprobe	عينة بول [ajjinat boul]
Unterschreiben	توقيع [tawqie-i]
Warmhalten	تحفظها دافئة [ta-hfazha daf-ja]
Wiederkommen	تأتي ثانياً [ta-ati tani]
Mit Dolmetscher wiederkommen	تأتي ثانياً مع مترجم [ta-ati tani ma-a mutargim]

5. Ärztliche Maßnahmen

Absaugen	شفط [schaft]
Bestrahlung	علاج الأشعة [ilag aschi-aa]
Blutdruckmessung	قياس ضغط الدم [qijaas dhaght eddam]
Blutentnahme	أخذ عينة دم [Akhz ajinat dam]
Bluttransfusion	نقل دم [naql dam]
Bohren	ثقب [ssaqb]
Desinfektion	تعقيم [taqiem]
EKG	تخطيط القلب [takhtiet elqalb]
Entfernung	إزالة [izala]
Heftpflaster	لزقة طبية [lazqa tibbija]
Impfung	تلقيح [talqie-h]
Katheter	قسطرة [qasstara]
Krankengymnastik	علاج بالرياضة البدنية [ilag berrijadha elbadanija]
Massage	تدليك [tadliek]

Narkose	تخدير [takhdier]
Operation	عملية جراحية [amalija gera-hija]
Punktion	البزل / أخذ عينة صغيرة [albazl / akhz ajjina ssaghira]
Röntgen	كشف بالأشعة [kaschf bel-asche-aa]
Ruhigstellung	الراحة/ وضع الراحة [arra-ha / wadha-i arra-ha]
Schienung	جبيرة [gabiera]
Sonographie	كشف بالموجات الصوتية [kaschf bel-maugaat assawtija]
Spritze	حقنة [hoqna]
Temperaturmessung	قياس درجة الحرارة [qijaas daragat alharara]
Untersuchung	كشف / فحص [kaschf / fa-hss]
Verband	رباط [rebaat]
Zahnfüllung	حشو اسنان [haschw assnan]

6. Medikamente

Antibiotikum	مضاد حيوي [modad hajawi]
Drogen (im Sinne von Rauschmitteln)	مخدرات [mokhadderat]

Infusion	حقن [haqn]
Lutschtablette	قرص للمص [qorss lelmass]
Saft	عصير [assier]
Salbe	مرهم [marham]
Schmerzmittel	مضاد للألم / مهدئ للألم [modad lel-alam / mo-haddi lel-alam]
Tablette	حبة / قرص [habba / qorss]
Tropfen	نقط [noqat]
Zäpfchen	لبوس / تحميلة [labouss / ta-hmila]
Morgens	صباحاً [ssaba-han]
Mittags	ظهراً [zu-hran]
Abends	مساءً [massa-an]
Vor dem Essen	قبل الأكل [qabl al-akl]
Nach dem Essen	بعد الأكل [bad al-akl]
Mit Wasser	بالماء [belmajja]
Esslöffel	ملعقة كبيرة [mil-aqa kabira]

Englisch

1. Personalien und Abrechnungsdaten

Name	**Surname** [sörnäim]
Vorname	**First name** [först näim]
Geburtsdatum	**Date of birth** [däit of böhrs]
Tag/Monat/Jahr	**Day/month/year** [däi/mans/jier]
Geburtsort	**Place of birth** [pläis of böhrs]
Angehörige	**Relatives** [relletiffs]
Krankenversicherung	**Sickness insurance fund** [sickness inschurens fand]
Versicherungskarte	**Insurance card** [inschurens kard]
Arbeitgeber	**Employer** [empleuer]
Hausarzt	**Family doctor** [fämili dokter]
Ausweis	**Identity card** [aidentitie kard]
Adresse	**Address** [ädress]

2. Allgemeine Begriffe und Redewendungen

Guten Tag	**Hello** [hällou]
Auf Wiedersehen	**Good-bye** [gud bai]
Gute Besserung	**I wish you a speedy recovery** [ai wisch ju äi spiedi rikawwerie]
Ja	**Yes** [jäss]
Nein	**No** [nou]
Wo	**Where** [wär]
Wann	**When** [wänn]
Wie	**How** [hau]
Wie oft	**How often** [hau offn]
Krankenhaus	**Hospital** [hospittl]
Apotheke	**Pharmacy** [farmassi]
Überweisung	**Referral** [riförrel]
Rezept	**Prescription** [priskriptschn]
Facharzt	**Specialist** [sspeschelist]

Dolmetscher	**Interpreter** [interpritr]
Gut	**Good** [gud]
Schlecht	**Bad** [bähd]
Harmlos	**Harmless** [harmless]
Lebensbedrohlich	**Very serious** [wärri siriäs]
Ansteckend	**Infectious** [infäktsches]
Akut	**Acute** [äkjuht]
Chronisch	**Chronic** [kronnik]
Kontrolltermin	**Follow-up examination** [follou-ap iksäminäischn]
Entlassung	**Discharge** [distschartsch]

3. Beschwerden und Diagnosen

Abszess	**Abscess** [äbssess]
Aids	**AIDS** [äids]
Allergie	**Allergy** [ällerdschi]
Anämie	**Anaemia** [änäimia]
Angina	**Angina** [ändschaina]
Angst	**Fear** [fihr]
Appetitlosigkeit	**Lack of appetite** [läck of äppetait]
Asthma	**Asthma** [ässtma]
Atemnot	**Shortness of breath** [schortness off bräss]
Ausfluss	**Discharge** [distschardsch]
Ausschlag	**Rash** [räsch]
Auswurf	**Phlegm** [fläim]
Bandscheibenschaden	**Damaged disc** [dämmädschd disk]
Bauchschmerzen	**Stomach pain** [sstommäck päin]

Bewusstseinsstörungen	**Disturbance of consciousness** [distörbens off konnschesnäss]
Blähungen	**Flatulence** [flätjulens]
Blasenentzündung	**Cystitis** [ssistaitis]
Blinddarmentzündung	**Appendicitis** [äppändissaitis]
Blut im Stuhl	**Blood in the faeces** [blad in se fießes]
Blut im Urin	**Blood in the urine** [blad in se juriehn]
Bluterguss	**Haematoma** [hiemetouma]
Bluthochdruck	**High blood pressure** [hai bladd präschscher]
Blutung	**Bleeding** [blieding]
Blutvergiftung	**Blood poisoning** [bladd peusening]
Brennen	**Stinging** [stinging]
Bronchitis	**Bronchitis** [brongkaitis]
Bruch	**Rupture** [rapptscher]
Brustschmerzen	**Chest pain** [tschässt päin]
Darmentzündung	**Intestinal inflammation** [intästinnel inflämmäischn]

Diabetes	**Diabetes** [daiäbietis]
Druck	**Pressure** [präschscher]
Durchblutungsstörung	**Circulatory problem** [ssörkulätori probblämm]
Durchfall	**Diarrhoea** [daijärieje]
Durst	**Thirst** [ssörst]
Eierstockentzündung	**Ovaritis** [overaitis]
Embolie	**Embolism** [ämbolism]
Entzündung	**Inflammation** [inflämmäischn]
Epilepsie	**Epilepsy** [äpilepsi]
Erbrechen	**Vomiting** [wommitting]
Erkältung	**Cold** [kould]
Fieber	**Fever** [fiever]
Fehlgeburt	**Miscarriage** [misskäritsch]
Frieren	**To be cold** [tu bie kould]
Gallenblasenentzündung	**Inflammation of the gall bladder** [inflämmäischn off se goll bläder]

Gallenkolik	**Biliary colic** [billjeri koulik]
Gebärmutterentzündung	**Inflammation of the uterus** [inflämmäischn off se juteres]
Gehirnerschütterung	**Concussion** [konkaschschn]
Gelbsucht	**Jaundice** [dschohndiss]
Gerinnungsstörung	**Clotting dysfunction** [klotting disfankschn]
Geschlechtskrankheit	**Sexually transmitted disease** [sseckschelli tränsmitted disiehs]
Geschwür	**Ulce** [alzer]
Gicht	**Gout** [gaut]
Grippe	**Flu** [flu]
Gürtelrose	**Shingles** [schingls]
Halsentzündung	**Sore throat** [ssoar srout]
Halsschmerzen	**Sore throat** [ssoar srout]
Hämorrhoiden	**Haemorrhoids** [hämerids]
Harndrang	**Urge to urinate** [ördsch tu jurinäit]
Herzinfarkt	**Heart attack** [hart ettäck]

Herzkrankheit	**Heart disease** [hart disiehs]
Hirnhautentzündung	**Meningitis** [männindschaitis]
Hirnschlag	**Cerebral apoplexy** [sseriebrel eppoplexi]
Hörstörung	**Hearing defect** [hiering difäckt]
Hunger	**Hunger** [hanger]
Husten	**Cough** [koff]
Infarkt	**Infarction** [infarkschn]
Infektion	**Infection** [infäckschn]
Insektenstich	**Insect bite** [insäkt beit]
Ischias	**Sciatica** [ssaiäitika]
Juckreiz	**Itching** [itsching]
Karies	**Caries** [käiriehs]
Knochenbruch	**Fracture** [fräktscher]
Kopfschmerzen	**Headache** [hädäik]
Krämpfe	**Cramps** [krämps]

Krebs	**Cancer** [känßer]
Kreislaufstörungen	**Circulatory disorder** [ssörkuläiteri disorder]
Lähmung	**Paralysis** [pärelaissis]
Leistenbruch	**Hernia** [hörnia]
Leukämie	**Leukaemia** [lukimia]
Lungenentzündung	**Pneumonia** [njumounia]
Magen-Darm-Entzündung	**Inflammation of the gastrointestinal tract** [inflämmäischn off se gastrointestinel träckt]
Menstruation	**Menstruation** [mänstruäischn]
Müdigkeit	**Fatigue** [fätiehg]
Muskelriss	**Torn muscle** [torn massl]
Nervosität	**Nervousness** [nörwesness]
Nierenentzündung	**Kidney complaint** [kidni kompläint]
Ohrentzündung	**Earache** [iehr-äik]
Rheuma	**Rheumatism** [ruhmetism]

Rötung	**Reddening** [räddening]
Rückenschmerzen	**Backache** [bäckäik]
Schilddrüse	**Thyroid** [saireud]
Schlafstörung	**Insomnia** [insomnia]
Schluckbeschwerden	**Difficulties in swallowing** [diffikelties in swolloing]
Schmerzen	**Pain** [päin]
Schnupfen	**Cold** [kould]
Schüttelfrost	**Shivering fit** [schiwwering fitt]
Schwäche	**Weakness** [wiekness]
Schwangerschaft	**Pregnancy** [prägnenßi]
Schwindel	**Vertigo** [Wörtigo]
Schwitzen	**Sweating** [swätting]
Sehstörung	**Visual defect** [wischuäl difäckt]
Sodbrennen	**Heartburn** [hartbörn]
Stechen	**Stabbing pain** [stäbbing päin]

Sterben	**Dying** [daiing]
Stuhldrang	**Bowel movement** [bauel muwment]
Suizid	**Suicide** [suisaid]
Tetanus	**Tetanus** [tätteness]
Tod	**Death** [däss]
Thrombose	**Thrombosis** [trombosis]
Tuberkulose	**Tuberculosis** [tjuberkuloussis]
Tumor	**Tumour** [tjuhmer]
Typhus	**Typhoid** [taifeud]
Übelkeit	**Nausea** [nouhßie]
Unfall	**Accident** [äckßident]
Verbrennung	**Burn** [börn]
Verfärbung	**Change of colour** [tschäindsch off kaller]
Vergiftung	**Poisoning** [peusenning]
Verletzung	**Injury** [indscherie]

Verrenkung	**Dislocation** [dislokäischn]
Verstauchung	**Sprain** [spräin]
Verstopfung	**Constipation** [konstipäischn]
Wehen	**Contractions** [konträikschns]
Zahnfleischentzündung	**Inflammation of the gums** [inflämmäischn off se gams]
Zuckerkrankheit	**Diabetes** [daiäbietis]

4. Was soll der Patient (nicht) tun

(Nicht) anrufen	**(Do not) call** [(du not) kool]
(Nicht) aufstehen	**(Not) getting up** [(nott) getting app]
(Nicht) ausatmen	**(Not) breathing out** [(nott) briesing aut]
(Nicht) ausspülen	**(Not) rinsing** [(nott) rinsing]
(Nicht) ausziehen	**(Not) undressing** [(nott) andressing]
(Nicht) baden	**(Not) bathing** [(nott) bahßing]
(Nicht) belasten	**(Not) straining** [(nott) ssträining]
(Nicht) bewegen	**(Not) moving** [(nott) muhwing]
(Nicht) bezahlen	**(Not) paying** [(nott) päiing]
(Nicht) bleiben	**(Not) staying** [(nott) sstäiing]
(Nicht) drehen	**(Not) turning** [(nott) törning]
(Nicht) drücken	**(Not) pressing** [(nott) pressing]
(Nicht) einatmen	**(Not) breathing in** [(nott) briesing in]
(Nicht) einreiben	**(Not) rubbing in** [(nott) rabbing in]

(Nicht) entspannen	**(Not) relaxing** [(nott) riläxing]
(Nicht) essen	**(Not) eating** [(nott) ieting]
(Nicht) gehen	**(Not) walking** [(nott) wohking]
(Nicht) gurgeln	**(Not) gargling** [(nott) gargling]
(Nicht) hinlegen	**(Not) laying down** [(nott) läiing daun]
(Nicht) hinsetzen	**(Not) sitting down** [(nott) sitting daun]
(Nicht) hochlagern	**(Not) putting up** [(nott) putting up]
(Nicht) husten	**(Not) coughing** [(nott) koffing]
(Nicht) inhalieren	**(Not) inhaling** [(nott) inhäiling]
(Nicht) kauen	**(Not) chewing** [(nott) tschu-ing]
(Nicht) kühlen	**(Not) cooling** [(nott) kuhling]
(Nicht) lutschen	**(Not) sucking** [(nott) ssacking]
(Nicht) öffnen	**(Not) opening** [(nott) oupening]
(Nicht) pressen	**(Not) pressing** [(nott) prässing]
(Nicht) schlucken	**(Not) swallowing** [(nott) swollouing]

(Nicht) schreiben	**(Not) write down** [(nott) rait daun]
(Nicht) trinken	**(Not) drinking** [(nott) drinking]
(Nicht) warten	**(Not) waiting** [(nott) wäiting]
Warmhalten	**Keeping warm** [kieping worm]
(Nicht) zubeißen	**(Not) biting** [(nott) baiting]
Hinaus gehen	**To step outside** [tu sstepp autsaid]
Nicht rauchen	**Not smoking** [nott ssmouking]
Stuhlprobe	**Stool sample** [sstuhl ssämpl]
Urinprobe	**Urine sample** [juriehn ssämpl]
Unterschreiben	**Sign** [ssain]
Warmhalten	**Keeping warm** [kieping worm]
Wiederkommen	**Come back** [kamm bäck]
Mit Dolmetscher wiederkommen	**Come back with an interpreter** [kom bäk wit änn intörpreter]

5. Ärztliche Maßnahmen

Absaugen	**To suck out** [tu ssack aut]
Bestrahlung	**Radiotherapy** [räidiou-ssäreppie]
Blutdruckmessung	**Measuring blood pressure** [mäschering blad präschscher]
Blutentnahme	**Taking of a blood sample** [täiking off äi bladd ssämpl]
Bluttransfusion	**Blood transfer** [blad transfer]
Bohren	**Drilling** [drilling]
Desinfektion	**Disinfection** [dis-infäkschn]
EKG	**ECG** [ie-ssie-dschie]
Entfernung	**Removal** [riemuwl]
Heftpflaster	**Adhesive-tape** [adhänsif-täip]
Impfung	**Vaccination** [wäckschinäischn]
Katheter	**Katheter** [kässiehter]
Krankengymnastik	**Physiotherapy** [fisiou-ssäreppie]
Massage	**Massage** [mässahsch]

Narkose	**Anaesthesia** [änni-stiehsia]
Operation	**Surgery** [sördscheri]
Punktion	**Punction** [panktschn]
Röntgen	**Taking an x-ray** [täiking änn icks-räi]
Ruhigstellung	**Immobilizing** [immoubilaising]
Schienung	**Putting in a splint** [putting in äi ssplint]
Sonographie	**Sonography** [sonoggräffie]
Spritze	**Injection** [indschäckschn]
Temperaturmessung	**Measuring the temperature** [mäschering se tämprätscher]
Untersuchung	**Examination** [icksäminäischn]
Verband	**Bandage** [bändidsch]
Zahnfüllung	**Tooth filling** [tuhs filling]

6. Medikamente

Antibiotikum	**Antibiotic** [äntibaiotik]
Drogen (im Sinne von Rauschmitteln)	**Drugs** [drags]

Infusion	**Infusion** [infjuhschn]
Lutschtablette	**Lozenge** [lutzantsch]
Saft	**Syrup** [sairop]
Salbe	**Ointment** [euntment]
Schmerzmittel	**Pain killer** [päin killer]
Tablette	**Pill** [pill]
Tropfen	**Drops** [dropps]
Zäpfchen	**Suppository** [ssäppousetorri]
Morgens	**In the morning** [in se morning]
Mittags	**At noon** [ätt nuhn]
Abends	**In the evening** [in se iewening]
Vor dem Essen	**Before eating** [bifohr iehting]
Nach dem Essen	**After eating** [after iehting]
Mit Wasser	**With water** [wis wohter]
Esslöffel	**Table spoon** [teibel sspuhn]

Französisch

1. Personalien und Abrechnungsdaten

Name	**Nom** [noh]
Vorname	**Prénom** [prehnoh]
Geburtsdatum	**Date de naissance** [datt de nessohs]
Tag/Monat/Jahr	**Jour/mois/année** [schuhr/moah/annee]
Geburtsort	**Lieu de naissance** [lijö de nessohs]
Angehörige	**Parents** [paroh]
Krankenversicherung	**Assurance de maladie** [assürohs de malladi]
Versicherungskarte	**Carte d'assurance** [kartt dassürohs]
Arbeitgeber	**Employeur** [ohmploijör]
Hausarzt	**Médecin de famille** [mehdzäh de fammije]
Ausweis	**Passeport** [passpohr]
Adresse	**Adresse** [adräss]

2. Allgemeine Begriffe und Redewendungen

Guten Tag	**Bonjour !** [bohschuhr]
Auf Wiedersehen	**Au revoir** [oh rewoah]
Gute Besserung	**Bon rétablissement** [boh reetablissemoh]
Ja	**Oui** [wieh]
Nein	**Non** [noh]
Wo	**Où** [uh]
Wann	**Quand** [koh]
Wie	**Comment** [komoh]
Wie oft	**Combien de fois** [kohmbijäh de foah]
Krankenhaus	**Hôpital** [ohpitall]
Apotheke	**Pharmacie** [farmahssie]
Überweisung	**Envoyer chez un spécialiste** [ohwoijee schee äh spehssijalist]
Rezept	**Ordonnance** [ohrdonnohs]
Facharzt	**Spécialiste** [spehssijalist]

Dolmetscher	**Interprète** [ähnterprätt]
Gut	**Bien** [bijäh]
Schlecht	**Mal** [mall]
Harmlos	**Anodin** [annohdäh]
Lebensbedrohlich	**La vie est en danger** [la wie ett oh dohnschee]
Ansteckend	**Contagieux** [kohntaschijöh]
Akut	**Aigu** [ähgü]
Chronisch	**Chronique** [krohnick]
Kontrolltermin	**Rendez-vous pour contrôle medical** [rohndee-wuh pur kontrohl medikall]
Entlassung	**Sortie de l' hôpital** [sortie de lohpitall]

3. Beschwerden und Diagnosen

Abszess	**Abcès** [abszäh]
Aids	**SIDA** [sida]
Allergie	**Allergie** [allerschie]
Anämie	**Anémie** [anehmie]
Angina	**Angine** [ohschihn]
Angst	**Peur** [pöhr]
Appetitlosigkeit	**Manque d'appétit** [mohnk dappehti]
Asthma	**Asthme** [astme]
Atemnot	**Difficulté de respirer** [diffikültee de respiree]
Ausfluss	**Écoulement** [ekulmoh]
Ausschlag	**Eczéma** [ekseema]
Auswurf	**Crachat** [krascha]
Bandscheibenschaden	**Dégénérescence des disques intervertébraux** [deeschenneresohs deh disk öhnterwerteebroh]

Bauchschmerzen	**Mal au ventre** [mall oh wontre]
Bewusstseinsstörungen	**Evanouissements** [ehwahnuissemoh]
Blähungen	**Flatulence** [flatülohs]
Blasenentzündung	**Cystite** [ssisstitt]
Blinddarmentzündung	**Appendicite** [apohndissitt]
Blut im Stuhl	**Sang dans les selles** [soahng doh leh sell]
Blut im Urin	**Sang dans l'urine** [soahng doh lüriehn]
Bluterguss	**Hématome** [ehmatomm]
Bluthochdruck	**Haute tension artérielle** [oht tohsjoh artehrijell]
Blutung	**Saignement** [ssänjähmoh]
Blutvergiftung	**Septicémie** [septissehmie]
Brennen	**Brûler** [brühlee]
Bronchitis	**Bronchite** [bronschitt]
Bruch	**Hernie** [ernie]
Brustschmerzen	**Douleurs dans la poitrine** [dulöhr doh la pwoatrinn]

Darmentzündung	**Entérite** [enteritt]
Diabetes	**Diabète** [diabähtt]
Druck	**Pression** [pressjoh]
Durchblutungsstörung	**Troubles circulatoires** [truble sirkülatwoah]
Durchfall	**Diarrhée** [diaree]
Durst	**Soif** [swoaff]
Eierstockentzündung	**Ovarite** [owaritt]
Embolie	**Embolie** [emboli]
Entzündung	**Inflammation** [ähflammassjoh]
Epilepsie	**Epilepsie** [ehpilepsie]
Erbrechen	**Nausée** [nohsee]
Erkältung	**Refroidissement** [refroadissemoh]
Fehlgeburt	**Fausse couche** [foss kusch]
Fieber	**Fièvre** [fijähwre]
Frieren	**Avoir froid** [awoar froa]

Gallenblasenentzündung	**Cholécystite** [kollessisstit]
Gallenkolik	**Colique hépatique** [kolick epatick]
Gebärmutterentzündung	**Inflammation de la matrice** [ähflammasijoh de la matriss]
Gehirnerschütterung	**Commotion cérébrale** [komossijoh sserebrall]
Gelbsucht	**Jaunisse** [schohniss]
Gerinnungsstörung	**Trouble de la coagulation** [truble de la koagülasioh]
Geschlechtskrankheit	**Maladie vénérienne** [maladi weeneerijenn]
Geschwür	**Ulcère** [ülssähr]
Gicht	**Goutte** [gutt]
Grippe	**Grippe** [gripp]
Gürtelrose	**Herpes zoster** [erpess zostähr]
Halsentzündung	**Inflammation de la gorge** [ähflammasijoh de la gorsch]
Halsschmerzen	**Mal de gorge** [mall de gorsch]
Hämorrhoiden	**Hémorroïdes** [emoroid]
Harndrang	**Besoin d'uriner** [beswain dürihnee]

Herzinfarkt	**Infarctus du myocarde** [ähfarktüss dü miokard]
Herzkrankheit	**Affection cardiaque** [affeksijoh kardijack]
Hirnhautentzündung	**Méningite** [meenähschitt]
Hirnschlag	**Apoplexie** [apopleksie]
Hörstörung	**Troubles d'écouter** [truble dekutee]
Hunger	**Faim** [fäh]
Husten	**Toux** [tu]
Infarkt	**Infarctus** [ähfarktüss]
Infektion	**Inféction** [ähfäksijoh]
Insektenstich	**Piqûre d'insecte** [pikür dähnsekt]
Ischias	**Sciatique** [schiatick]
Juckreiz	**Démangeaison** [demohschessoh]
Karies	**Carie** [kari]
Knochenbruch	**Fracture** [fraktür]
Kopfschmerzen	**Mal à la tête** [mall a la tähtt]

Krämpfe	**Crampes** [krohmp]
Krebs	**Cancer** [kohsähr]
Kreislaufstörungen	**Troubles circulatoires** [truble sirkülatwoah]
Lähmung	**Paralysie** [paralisie]
Leistenbruch	**Hernie inguinale** [erni ähngwinall]
Leukämie	**Leucémie** [löhsemie]
Lungenentzündung	**Pneumonie** [pnöhmonie]
Magen-Darm-Entzündung	**Gastroentérite** [gastroenteritt]
Menstruation	**Menstruation** [mohstrüassjoh]
Müdigkeit	**Fatigue** [fattige]
Muskelriss	**Déchirure musculaire** [deeschirür müskülähr]
Nervosität	**Nervosité** [nerwositee]
Nierenentzündung	**Néphrite** [neefritt]
Ohrentzündung	**Otite** [otitt]
Rheuma	**Rhumatisme** [rümatisme]

Rötung	**Rougeur** [ruschöhr]
Rückenschmerzen	**Mal au dos** [mall oh doh]
Schilddrüse	**Glande thyroïdes** [glohnde tiroid]
Schlafstörung	**Troubles du sommeil** [truble dü sommehj]
Schluckbeschwerden	**Problèmes d'avaler** [problämm dawallee]
Schmerzen	**Douleur** [dulöhr]
Schnupfen	**Rhume** [rühm]
Schüttelfrost	**Frissons** [frissoh]
Schwäche	**Faiblesse** [fäbless]
Schwangerschaft	**Grossesse** [grohssess]
Schwindel	**Vertige** [wärtihsch]
Schwitzen	**Transpirer** [trohspiree]
Sehstörung	**Trouble visuel** [truble wisüell]
Sodbrennen	**Pyrosis** [pirosiss]
Stechen	**Piquer** [pikee]

Sterben	**Mourir** [murir]
Stuhldrang	**Épreintes** [eprähnt]
Suizid	**Suicide** [suiesside]
Tetanus	**Tétanos** [tetanoss]
Thrombose	**Thrombose** [trombose]
Tod	**Mort** [mohr]
Tuberkulose	**Tuberculose** [tüberkülos]
Tumor	**Tumeur** [tümöhr]
Typhus	**Typhoïdes** [tifoid]
Übelkeit	**Nausée** [nohsee]
Unfall	**Accident** [akssidoh]
Verbrennung	**Brûlure** [brülür]
Verfärbung	**Changement de couleur** [schohschemoh de kulöhr]
Vergiftung	**Empoisonnement** [ohmpwoasonnmoh]
Verletzung	**Blessure** [blessür]

Verrenkung	**Contorsion** [kontorsijoh]
Verstauchung	**Entorse** [ohntors]
Verstopfung	**Constipation** [konstipassijoh]
Wehen	**Douleurs d'accouchement** [Dulöhr dakuschmoh]
Zahnfleischentzündung	**Gingivite** [schöhschiwitt]
Zuckerkrankheit	**Diabète** [diabähtt]

4. Was soll der Patient (nicht) tun

(nicht) anrufen	**(Ne pas) téléphoner** [(ne pah) teeleefonee]
(Nicht) aufstehen	**(Ne pas) se lever** [(ne pah) se lehwee]
(Nicht) ausatmen	**(Ne pas) expirer** [(ne pah) expiree]
(Nicht) ausspülen	**(Ne pas) rincer** [(ne pah) röhnssee]
(Nicht) ausziehen	**(Ne pas) se déshabiller** [(ne pah) se desabijee]
(Nicht) baden	**(Ne pas) se baigner** [(ne pah) se bänjee]
(Nicht) belasten	**(Ne pas) solliciter** [(ne pah) solissitee]
(Nicht) bewegen	**(Ne pas) bouger** [(ne pah) buschee]
(Nicht) bezahlen	**(Ne pas) payer** [(ne pah) pejee]
(Nicht) bleiben	**(Ne pas) rester** [(ne pah) restee]
(Nicht) drehen	**(Ne pas) tourner** [(ne pah) turnee]
(Nicht) drücken	**(Ne pas) presser** [(ne pah) prässee]
(Nicht) einatmen	**(Ne pas) inspirer** [(ne pah) ähspiree]
(Nicht) einreiben	**(Ne pas) appliquer sur la peau** [(ne pah) applikee sür la poh]

(Nicht) entspannen	**(Ne pas) relaxer** [(ne pah) relaksee]
(Nicht) essen	**(Ne pas) manger** [(ne pah) moahschee]
(Nicht) gehen	**(Ne pas) aller** [(ne pah) allee]
(Nicht) gurgeln	**(Ne pas) gargariser** [(ne pah) gargarisee]
(Nicht) hinlegen	**(Ne pas) s' allonger** [(ne pah) salohnschee]
(Nicht) hinsetzen	**(Ne pas) s' assier** [(ne pah) sassjee]
(Nicht) hochlagern	**(Ne pas) tenir en position élevée** [(ne pah) tenir oh posisjoh elewee]
(Nicht) husten	**(Ne pas) tousser** [(ne pah) tussee]
(Nicht) inhalieren	**(Ne pas) inhaler** [(ne pah) ähnhallee]
(Nicht) kauen	**(Ne pas) mâcher** [(ne pah) maschee]
(Nicht) kühlen	**(Ne pas) tenir frais** [(ne pah) tenir fräh]
(Nicht) lutschen	**(Ne pas) sucer** [(ne pah) süssee]
(Nicht) öffnen	**(Ne pas) ouvrir** [(ne pah) uvrir]
(Nicht) pressen	**(Ne pas) presser** [(ne pah) prässee]
(Nicht) schlucken	**(Ne pas) avaler** [(ne pah) awalee]

(Nicht) schreiben	**(Ne pas) écrire** [(ne pah) ekrihr]
(Nicht) trinken	**(Ne pas) boire** [(ne pah) bwoahr]
(Nicht) warten	**(Ne pas) attendre** [(ne pah) atohndre]
(Nicht) zubeißen	**(Ne pas) mordre** [(ne pah) mordre]
Hinaus gehen	**Aller dehors** [allee deohr]
Nicht rauchen	**Ne pas fumer** [ne pah fümee]
Stuhlprobe	**Prise de selles** [prise de sell]
Urinprobe	**Prise d' urine** [prise düriehn]
Unterschreiben	**Signer** [sinnjee]
Warmhalten	**Tenir chaud** [tenir schoh]
Wiederkommen	**Revenir** [rewenir]
Mit Dolmetscher wiederkommen	**Amener un interprète** [ammenee ähn ähnterprätt]

5. Ärztliche Maßnahmen

Absaugen	**Aspirer** [aspiree]
Bestrahlung	**Traitement aux rayons** [trättmoh oh rehjoh]
Blutdruckmessung	**Prendre la tension artérielle** [prohndre la tohsjoh arteehrijell]
Blutentnahme	**Prise de sang** [prise de soahng]
Bluttransfusion	**Transfusion sanguine** [troahnsfüsjoh soahnginn]
Bohren	**Forer** [foree]
Desinfektion	**Désinfection** [desähfekssjoh]
EKG	**Electrocardiogramme** [elektrokardiogramm]
Entfernung	**Ablation** [ablassjoh]
Heftpflaster	**Sparadrap** [sparadra]
Impfung	**Vaccination** [vaksinassjoh]
Katheter	**Cathéter** [katetähr]
Krankengymnastik	**Kinésitherapie** [kinesiterapie]
Massage	**Massage** [massasch]

Narkose	**Narcose** [narkos]
Operation	**Opération** [opeerassjoh]
Punktion	**Ponction** [pohnkssioh]
Röntgen	**Radiographie** [radiografie]
Ruhigstellung	**Tranquilisation** [trohnkwilisassjoh]
Schienung	**Mettre une attelle** [mettre ünn atell]
Sonographie	**Sonographie** [sonografie]
Spritze	**Piqûre** [pikür]
Temperaturmessung	**Prendre la température** [prohndre la tomperatür]
Untersuchung	**Examen** [eksamäh]
Verband	**Bandage** [bondahsch]
Zahnfüllung	**Plombage** [plombahsch]

6. Medikamente

Antibiotikum	**Antobiotique** [antibijotik]
Drogen (im Sinne von Rauschmitteln)	**Drogues** [droge]

Infusion	**Perfusion** [perfüsijoh]
Lutschtablette	**Comprimé à sucer** [komprimee a süssee]
Saft	**Jus** [schü]
Salbe	**Pommade** [pommad]
Schmerzmittel	**Analgésique** [analschesik]
Tablette	**Comprimé** [komprimee]
Tropfen	**Gouttes** [gutt]
Zäpfchen	**Suppositoires** [süppositwoar]
Morgens	**Le matin** [le mattäh]
Mittags	**A midi** [a midi]
Abends	**Le soir** [le swoah]
Vor dem Essen	**Avant le repas** [awoh le repa]
Nach dem Essen	**Après le repas** [apräh le repa]
Mit Wasser	**Avec de l'eau** [aweck de loh]
Esslöffel	**Cuillère de soupe** [küjähr de supp]

Griechisch

1. Personalien und Abrechnungsdaten

Name	**επώνυμο** [eponimo]
Vorname	**όνομα** [onoma]
Geburtsdatum	**ημερομηνία γεννήσεως** [imerominia jenissäos]
Tag/Monat/Jahr	**ημέρα/μήνας/χρόνος** [imera/minas/chronos]
Geburtsort	**τόπος γεννήσεως** [toposs jenissäos]
Angehörige	**οι συγγενείς** [i sigenis]
Krankenversicherung	**ασφάλιση ασθενείας** [asfalissi astenias]
Versicherungskarte	**βιβλιάριο ασφάλισης** [wiwliario asfalisis]
Arbeitgeber	**εργοδότης** [erjodotis]
Hausarzt	**οικογενειακός γιατρός** [ikojeniakos jatros]
Ausweis	**ταυτότητα** [taftotita]
Adresse	**διεύθυνση** [dief tinssi]

2. Allgemeine Begriffe und Redewendungen

Guten Tag	**χαίρετε** [cherete]
Auf Wiedersehen	**αντίο** [andi-o]
Gute Besserung	**περαστικά σας** [perasstika ßas]
Ja	**ναι** [ne]
Nein	**όχι** [ohi]
Wo	**πού** [pu]
Wann	**πότε** [pote]
Wie	**πώς** [pos]
Wie oft	**κάθε πότε** [kathe pote]
Krankenhaus	**νοσοκομείο** [noßokomi-o]
Apotheke	**φαρμακείο** [farmaki-o]
Überweisung	**έμβασμα** [em-wasma]
Rezept	**συνταγή του γιατρού** [sintaji tu jatru]
Facharzt	**ειδικός γιατρός** [idikos jatros]

Dolmetscher	**διερμηνέας** [diermineas]
Gut	**καλά** [kala]
Schlecht	**άσχημα** [aschima]
Harmlos	**ακίνδυνο** [akindino]
Lebensbedrohlich	**επικίνδυνο** [epikindino]
Ansteckend	**κολλητικό** [kollitiko]
Akut	**οξεία** [oxia]
Chronisch	**χρόνιος** [hronios]
Kontrolltermin	**ραντεβού για επανεξέταση (Ραντεβού για επανεξέταση)** [rendevou jia epanexetasi]
Entlassung	**εξιτήριο (Εξιτήριο)** [exitirio]

3. Beschwerden und Diagnosen

Abszess	**απόστημα** [apostima]
Aids	**Aids** [aids]
Allergie	**αλλεργία** [alerji-a]
Anämie	**αναιμία** [anemi-a]
Angina	**κυνάγχη** [kinaghi]
Angst	**φόβος** [fowos]
Appetitlosigkeit	**ανορεξία** [anorexi-a]
Asthma	**άσθμα** [asthma]
Atemnot	**δύσπνοια** [dispnia]
Ausfluss	**πολλά υγρά** [pollah ijrah]
Ausschlag	**έκζεμα** [ek-sämma]
Auswurf	**φλέγμα** [flejma]
Bandscheibenschaden	**ισχυαλγία** [is-chialjia]
Bauchschmerzen	**κοιλόπονος** [killoponnos]

Bewusstseinsstörungen	**διαταραχή συνείδησης** [diatarachi sinidisis]
Blähungen	**αέρια** [aeria]
Blasenentzündung	**κυστίτιδα** [kistietida]
Blinddarmentzündung	**σκωληκοειδίτιδα** [skolliko-iditida]
Blut im Stuhl	**αίμα στα κόπρανα** [emma sta koprana]
Blut im Urin	**αίμα στα ούρα** [emma sta urra]
Bluterguss	**αιμάτωμα** [ematoma]
Bluthochdruck	**υπέρταση** [ipertasi]
Blutung	**αιμορραγία** [emorraji-a]
Blutvergiftung	**δηλητηρίαση στο αίμα** [dilitiri-assi sto emma]
Brennen	**τσούξιμο** [tsuximo]
Bronchitis	**βρογχίτιδα** [wrochitida]
Bruch	**κήλη** [ki-li]
Brustschmerzen	**πόνος στο στήθος** [ponos sto stitos]
Darmentzündung	**εντερίτιδα** [enteritida]

Diabetes	**(αχαρο) διαβήτης** [sacharo diawitis]
Druck	**πίεση** [piä-ssi]
Durchblutungsstörung	**δυσκολίες με την κυκλοφορία του αίματος** [diskolies me tin kikloforia tu emmatos]
Durchfall	**διάρροια** [diaria]
Durst	**δίψα** [dipsa]
Eierstockentzündung	**φλεγμονή στις ωοθήκες** [flejmoni stis o-otikes]
Embolie	**εμβολή** [emvoli]
Entzündung	**φλεγμονή** [flejmoni]
Epilepsie	**επιληψία (Επιληψία)** [epilipsia]
Erbrechen	**εμετός** [emetos]
Erkältung	**κρυολόγημα** [kriolojima]
Fehlgeburt	**αποβολή (Αποβολή)** [apovoli]
Fieber	**πυρετός** [piretos]
Frieren	**κρυώμα** [krioma]
Gallenblasenentzündung	**χολοκυστίτιδα** [cholokistitida]

Gallenkolik	**κολικός στη χολή** [kolikos sti choli]
Gebärmutterentzündung	**μητρίτιδα** [mitritida]
Gehirnerschütterung	**εγκεφαλική διάσειση** [egefaliki diassissi]
Gelbsucht	**ίκτερος** [ikteros]
Gerinnungsstörung	**πήξη του αίματος** [pixi tou emmatos]
Geschlechtskrankheit	**αφροδίσιο νόσημα** [afrodisio noßima]
Geschwür	**έλκος** [elkos]
Gicht	**αρθρίτιδα** [atritida]
Grippe	**γρίπη** [jrippi]
Gürtelrose	**έρπης ζωστήρ** [erpis sostirr]
Halsentzündung	**φαρυγγίτιδα** [farigitida]
Halsschmerzen	**πονόλαιμος** [ponolemmos]
Hämorrhoiden	**αιμορροίδες** [emoroides]
Harndrang	**τάση για ούρηση** [tassi ja urissi]
Herzinfarkt	**καρδιακό έμφραγμα** [kardiako emfrajma]

Herzkrankheit	**καρδιοπάθεια** [kardiopati-a]
Hirnhautentzündung	**μηνιγγίτιδα** [minigitida]
Hirnschlag	**αποπληξία** [apoplixi-a]
Hörstörung	**πρόβλημα ακοής** [prowlima akois]
Hunger	**πείνα** [pina]
Husten	**βήχας** [wichas]
Infarkt	**έμφραγμα** [emfragma]
Infektion	**μόλυνση** [molinsi]
Insektenstich	**τσίμπημα εντόμου (τσίμπημα εντόμου)** [tsimpima entomou]
Ischias	**ισχιαλγία** [ishialgia]
Juckreiz	**φαγούρα** [fajura]
Karies	**τερηδόνα** [teridona]
Knochenbruch	**κάταγμα** [katajma]
Kopfschmerzen	**πονοκέφαλος** [ponokefalos]
Krämpfe	**κράμπα** [kramba]

Krebs	**καρκίνος** [karkinos]
Kreislaufstörungen	**κυκλοφοριακές διαταραχές** [kikloforiakes diataraches]
Lähmung	**παράλυση** [paralissi]
Leistenbruch	**βουβωνοκήλη** [vouvonokili]
Leukämie	**λευχαιμία** [lefchemi-a]
Lungenentzündung	**πνευμονία** [pnevmoni-a]
Magen-Darm-Entzündung	**φλεγμονή στο στομάχι και στα έντερα** [flejmoni sto stomachi ke sta enterra]
Menstruation	**περίοδος** [periodos]
Müdigkeit	**κούραση** [kurassi]
Muskelriss	**ρήξη μυός** [rixi mios]
Nervosität	**νευρικότητα** [newrikotita]
Nierenentzündung	**νεφρίτιδα** [nefritida]
Ohrentzündung	**ωτίτιδα** [otitida]
Rheuma	**ρευματισμοί** [revmatismi]
Rötung	**κοκκίνισμα** [kokinisma]

Rückenschmerzen	**πόνοι στην πλάτη** [ponni stin plati]
Schilddrüse	**θυρεοειδής** [tireoidis]
Schlafstörung	**αϋπνία** [a-ipni-a]
Schluckbeschwerden	**προβλήματα στην κατάποση** [prowlimata stin kataposi]
Schmerzen	**πόνοι** [ponni]
Schnupfen	**συνάχι** [sinachi]
Schüttelfrost	**ρίγος** [rijos]
Schwäche	**αδυναμία** [adinami-a]
Schwangerschaft	**εγκυμοσύνη** [engimossini]
Schwindel	**ζαλάδα** [salada]
Schwitzen	**εφίδρωση** [efidrosi]
Sehstörung	**πρόβλημα οράσεως** [prowlima oraseos]
Sodbrennen	**καούρα (Καούρα)** [kaoura]
Stechen	**τσίμπημα** [zimbima]
Sterben	**θάνατος** [thanatos]

Stuhldrang	**πρωκτικός τεινεσμός** [proktikos teinesmos]
Suizid	**αυτοκτονία (Αυτοκτονία)** [aftoktonia]
Tetanus	**τέτανος** [tetanos]
Thrombose	**θρόμβωση (Θρόμβωση)** [thrombosi]
Tod	**θάνατος** [tanatos]
Tuberkulose	**φυματίωση** [fimati-osi]
Tumor	**όγκος** [ongos]
Typhus	**τύφος** [tiffos]
Übelkeit	**ναυτία** [naftia]
Unfall	**ατύχημα** [atichima]
Verbrennung	**έγκαυμα** [engavma]
Verfärbung	**αποχρωματισμός** [apohromatismos]
Vergiftung	**δηλητηρίαση** [dillitiri-assi]
Verletzung	**τραυματισμός** [traumatismos]
Verrenkung	**εξάρθρωση** [exahrtrossi]

(Nicht) entspannen	**(μην) χαλαρώνετε** [(min) chalaronete]
(Nicht) essen	**(μην) τρώτε** [(min) trote]
(Nicht) gehen	**(μην) βαδίζετε** [(min) wadisete]
(Nicht) gurgeln	**(μην) κάνετε γαργάρα** [(min) kanete-jarjara]
(Nicht) hinlegen	**(μην) ξαπλώνετε** [(min) xaplonete]
(Nicht) hinsetzen	**(μην) κάθεστε** [(min) katheste]
(Nicht) hochlagern	**(μην) το τοποθετείτε ψηλά** [(min) to topothetite psila]
(Nicht) husten	**(μην) βήχετε** [(min) wichete]
(Nicht) inhalieren	**(μην) εισπνέετε** [(min) is-pnäate]
(Nicht) kauen	**(μην) μασάτε** [(min) masate]
(Nicht) kühlen	**(μην) δροσίζετε** [(min) drossisete]
(Nicht) lutschen	**(μην) πιπιλίζετε** [(min) pipilisete]
(Nicht) öffnen	**(μην) ανοίγετε** [(min) anijete]
(Nicht) pressen	**(μην) πιέζετε** [(min) piäsete]
(Nicht) schlucken	**(μην) καταπίνετε** [(min) katapinete]

(Nicht) schreiben	**(μην) γράφετε** [(min) jrafete]
(Nicht) trinken	**(μην) πίνετε** [(min) pinete]
(Nicht) warten	**(μην) περιμένετε** [(min) perimenete]
(Nicht) zubeißen	**(μην) δαγκώνετε** [(min) dangonete]
Hinaus gehen	**βγαίνετε έξω** [wjenete exo]
Nicht rauchen	**μην καπνίζετε** [min kapnisete]
Stuhlprobe	**δείγμα από τα κόπρανα** [dijma apo ta kopprana]
Urinprobe	**δείγμα από τα ούρα** [dijma apo ta urra]
Unterschreiben	**υπογράψτε** [ipojrapste]
Warmhalten	**κρατάτε το ζεστό** [kratate to seßto]
Wiederkommen	**να ξαναέρθετε** [na xanaertete]
Mit Dolmetscher wiederkommen	**να ξαναέρθετε με έναν διερμηνέα** [na xanaertete me enan di-erminea]

5. Ärztliche Maßnahmen

Absaugen	**αναρρόφηση** [anarofissi]
Bestrahlung	**ακτινοθεραπεία** [aktinoterapi-a]
Blutdruckmessung	**μέτρηση της πίεσης** [metrisi tis pi-esis]
Blutentnahme	**λήψη αίματος** [lipsi ematos]
Bluttransfusion	**μετάγγιση αίματος (Μετάγγιση αίματος)** [metagisi ematos]
Bohren	**τρυπώ** [tripp-o]
Desinfektion	**απολύμανση** [apolimanssi]
EKG	**ηλεκτροκαρδιογράφημα** [ilektrokardiojrafima]
Entfernung	**αφαίρεση** [aferessi]
Heftpflaster	**τσιρότο – χανζαπλάστ (Τσιρότο/Χανζαπλάστ)** [tsiroto – Hansaplast]
Impfung	**εμβολιασμός** [emboliasmoss]
Katheter	**καθετήρας** [katetiras]
Krankengymnastik	**θεραπευτική γυμναστική** [terapeftikie jimnastikki]
Massage	**μασάζ** [massaz]

Narkose	**νάρκωση** [narkossi]
Operation	**εγχείριση** [enchirissi]
Punktion	**παρακέντηση** [parakentissi]
Röntgen	**ακτινογραφία** [aktinojrafi-a]
Ruhigstellung	**ακινητοποίηση** [akinitopi-issi]
Schienung	**νάρθηκας** [nartikas]
Sonographie	**υπερηχογραφία** [yperihografia]
Spritze	**ένεση** [enessi]
Temperaturmessung	**Μέτρηση θερμοκρασίας** [metrissi termokrassias]
Untersuchung	**εξέταση** [exetassi]
Verband	**επίδεσμος** [epidesmos]
Zahnfüllung	**σφράγισμα** [sfrajisma]

6. Medikamente

Antibiotikum	**αντιβιοτικό** [antiwiotiko]
Drogen (im Sinne von Rauschmittel)	**ναρκωτικά (ναρκωτικά)** [narkotika]

Infusion	**έγχυση** [eghisi]
Lutschtablette	**παστίλια** [pastilia]
Saft	**σιρόπι** [siropi]
Salbe	**αλοιφή** [alifi]
Schmerzmittel	**παυσίπονο** [pavsipono]
Tablette	**δισκίο** [diski-o]
Tropfen	**σταγόνες** [stajones]
Zäpfchen	**υπόθετο** [ipoteto]
Morgens	**το πρωί** [to pro-i]
Mittags	**το μεσημέρι** [to messimeri]
Abends	**το βράδυ** [to wradi]
Vor dem Essen	**πριν το φαγητό** [prin to fajito]
Nach dem Essen	**μετά το φαγητό** [meta to fajito]
Mit Wasser	**με νερό** [me ner-o]
Esslöffel	**κουτάλι της σούπας** [kutali tiss supas]

Italienisch

1. Personalien und Abrechnungsdaten

Name	**Cognome** [konjomä]
Vorname	**Nome** [nomä]
Geburtsdatum	**Data di nascita** [data di naschita]
Tag/Monat/Jahr	**Giorno/mese/anno** [dschorno/mäsä/anno]
Geburtsort	**Luogo di nascita** [luogo di naschita]
Angehörige	**Parente** [paräntä]
Krankenversicherung	**Assicurazione sanitaria** [assikurazionä sanitaria]
Versicherungskarte	**Tessera** [tässära]
Arbeitgeber	**Datore di lavoro** [datorä di laworo]
Hausarzt	**Medico di famiglia** [mädico di famillja]
Ausweis	**Carta d'identità** [karta didentita]
Adresse	**Indirizzo** [indirizzo]

2. Allgemeine Begriffe und Redewendungen

Guten Tag	**Buon giorno** [buon dschorno]
Auf Wiedersehen	**Arrivederci** [ariwädärtschi]
Gute Besserung	**Buon miglioramento** [buon milljoramänto]
Ja	**Si** [ssi]
Nein	**No** [no]
Wo	**Dove** [dovä]
Wann	**Quando** [kuando]
Wie	**Come** [komä]
Wie oft	**Quanto spesso** [kuanto spässo]
Krankenhaus	**Ospedale** [ospädalä]
Apotheke	**Farmacia** [farmatschia]
Überweisung	**Accertamento** [atschertamänto]
Rezept	**Ricetta** [ritschätta]
Facharzt	**Specialista** [spätschialista]

Dolmetscher	**Interprete** [intärprätä]
Gut	**Bene** [bänä]
Schlecht	**Male** [malä]
Harmlos	**Innocuo** [innokuo]
Lebensbedrohlich	**Pericoloso** [pärikoloso]
Ansteckend	**Contagioso** [kontadschoso]
Akut	**Acuto** [akuto]
Chronisch	**Cronico** [kroniko]
Kontrolltermin	**L'appuntamento per la visita di controllo** [appuntamänto pär la wisita di kontrolllo]
Entlassung	**il rilascio** [il rilaschjo]

3. Beschwerden und Diagnosen

Abszess	**Ascesso** [aschesso]
Aids	**AIDS** [aids]
Allergie	**Allergia** [allerdschia]
Anämie	**Anemia** [anämia]
Angina	**Angina** [andschina]
Angst	**Paura** [paura]
Appetitlosigkeit	**Mancanza di appetito** [mankanza di appättito]
Asthma	**Astma** [astma]
Atemnot	**Affanno** [affanno]
Ausfluss	**Secrezione** [säkräzionä]
Ausschlag	**Eruzione cutanea** [äruzionä kutanäa]
Auswurf	**Espettorato** [äspättorato]
Bandscheibenschaden	**Ernia del disco intervertebrale** [ärnia däl disko intärvärtäbralä]
Bauchschmerzen	**Mal di pancia** [mall di pantscha]

Bewusstseinsstörungen	**Disturbi della coscienza** [disturbi dälla koschiänza]
Blähungen	**Flatulenze** [flatulänzä]
Blasenentzündung	**Infezione della vescica** [infäzione dälla wäschika]
Blinddarmentzündung	**Appendicite** [appänditschitä]
Blut im Stuhl	**Sangue nelle feci** [sanguä nällä fätschi]
Blut im Urin	**Sangue nell'urina** [sanguä näll urina]
Bluterguss	**Ematoma** [ämatoma]
Bluthochdruck	**Alta pressione** [alta prässionä]
Blutung	**Emoraggia** [ämoradschia]
Blutvergiftung	**Tossicazione del sangue** [tossicazionä däl sanguä]
Brennen	**Bruciore (innerlich)** [brutschorä] **Scottatura (äußerlich)** [skottatura]
Bronchitis	**Bronchite** [bronkitä]
Bruch	**Frattura** [fattura]
Brustschmerzen	**Dolori di petto** [dolori di pätto]

Darmentzündung	**Infiammazione dell'intestino** [infiammazionä däll intästino]
Diabetes	**Diabete** [diabätä]
Druck	**Pressione** [prässionä]
Durchblutungsstörung	**Disturbi della circolazione del sangue** [disturbi dälla tschirkolazione däll sangue]
Durchfall	**Diarrea** [diarräa]
Durst	**Sete** [sätä]
Eierstockentzündung	**Infiammazione dell'ovaie** [infiammazionä däll owaiä]
Embolie	**Embolia** [ämbolia]
Entzündung	**Infiammazione** [infiammazionä]
Epilepsie	**l'epilessia** [l epilässia]
Erbrechen	**Vomito** [womito]
Erkältung	**Raffreddore** [raffräddore]
Fehlgeburt	**l'aborto spontaneo** [aborto sspontanäo]
Fieber	**Febbre** [fäbbrä]
Frieren	**Sentire freddo** [säntirä fräddo]

Gallenblasenentzündung	**Colecistite** [koletschistitä]
Gallenkolik	**Colica biliare** [kolika biliarä]
Gebärmutterentzündung	**Infiammazione dell'utero** [infiamazione dällutero]
Gehirnerschütterung	**Commozione cerebrale** [kommozione tschäräbralä]
Gelbsucht	**Itterizia** [ittärizzia]
Gerinnungsstörung	**Problemi di coagulazione** [problämi di koagulazionä]
Geschlechtskrankheit	**Malattia venerea** [malattia vänäräa]
Geschwür	**Ulcera** [ultschära]
Gicht	**Gotta** [gotta]
Grippe	**Influenza** [influänza]
Gürtelrose	**Erpete** [ärpätä]
Halsentzündung	**Infiammazione della gola** [infiammazionä dälla gola]
Halsschmerzen	**Mal di gola** [mall di gola]
Hämorrhoiden	**Emorroidi** [ämmorroidi]
Harndrang	**Stimolo d'orinare** [stimolo dorinare]

Herzinfarkt	**Infarto cardiaco** [infarto kardiako]
Herzkrankheit	**Malattia del cuore** [mallattia däl kuorä]
Hirnhautentzündung	**Meningite** [mänindschitä]
Hirnschlag	**Colpo apoplettico** [kolpo apoplättico]
Hörstörung	**Disturbi dell'udito** [disturbi dälludito]
Hunger	**Fame** [famä]
Husten	**Tosse** [tossä]
Infarkt	**Infarto** [innfarto]
Infektion	**Infezione** [innfäzione]
Insektenstich	**la puntura d'insetto** [puntura d inssätto]
Ischias	**Sciatica** [schiatika]
Juckreiz	**Prurito** [prurito]
Karies	**Carie** [kariä]
Knochenbruch	**Frattura** [frattura]
Kopfschmerzen	**Mal di testa** [mall di tästa]

Krämpfe	**Crampi** [krampi]
Krebs	**Cancro** [kankro]
Kreislaufstörungen	**Disturbo circolatorio** [disturbo tschirkolatorio]
Lähmung	**Paralisi** [paralisi]
Leistenbruch	**Ernia inguinale** [ärnia inguinalä]
Leukämie	**Leucemia** [läukämia]
Lungenentzündung	**Polmonite** [polmonitä]
Magen-Darm-Entzündung	**Infezione intestinale** [infäzionä intästinalä]
Menstruation	**Mestruazione** [mästruazionä]
Müdigkeit	**Stanchezza** [stankäzza]
Muskelriss	**Strappo muscolare** [strappo muskolarä]
Nervosität	**Nervosità** [närwosita]
Nierenentzündung	**Nefrite** [näfritä]
Ohrentzündung	**Otite** [otitä]
Rheuma	**Reumatismo** [räumatismo]

Verrenkung	**Lussazione** [lussazionä]
Verstauchung	**Slogatura** [slogatura]
Verstopfung	**Stitichezza** [stitikäzza]
Wehen	**Doglie** [dolljä]
Zahnfleischentzündung	**Gengivite** [dschändschiwitä]
Zuckerkrankheit	**Diabete** [diabätä]

4. Was soll der Patient (nicht) tun

(Nicht) anrufen	**(Non) chiamare (al telefono)** [(nonn) kjamarä (al telefono)]
(Nicht) aufstehen	**(Non) alzarsi** [(nonn) alzarssi]
(Nicht) ausatmen	**(Non) espirare** [(nonn) äspirarä]
(Nicht) ausspülen	**(Non) sciacquare** [(nonn) schakuarä]
(Nicht) ausziehen	**(Non) spogliare** [(nonn) spolliarä]
(Nicht) baden	**(Non) fare il bagno** [nonn farä il banjo]
(Nicht) belasten	**(Non) caricare** [nonn karikarä]
(Nicht) bewegen	**(Non) muoversi** [(nonn) muovärssi]
(Nicht) bezahlen	**(Non) pagare** [(nonn) pagarä]
(Nicht) bleiben	**(Non) rimanere** [(nonn) rimanärä]
(Nicht) drehen	**(Non) girarsi** [(nonn) dschirarssi]
(Nicht) drücken	**(Non) premere** [(nonn) prämärä]
(Nicht) einatmen	**(Non) respirare** [(nonn) räspirarä]
(Nicht) einreiben	**(Non) frizionare** [(nonn) frizionarä]

(Nicht) entspannen	**(Non) rilassare** [(non) rilassarä]
(Nicht) essen	**(Non) mangiare** [(nonn) mandschiarä]
(Nicht) gehen	**(Non) camminare** [(nonn) kamminarä]
(Nicht) gurgeln	**(Non) fare gargarismi** [(nonn) farä gargarismi]
(Nicht) hinlegen	**(Non) sdraiarsi** [(nonn) sdraiarssi]
(Nicht) hinsetzen	**(Non) sedersi** [(nonn) sädärssi]
(Nicht) hochlagern	**(Non) tenere sollevato** [tänärä solläwato]
(Nicht) husten	**(Non) tossire** [(nonn) tossirä]
(Nicht) inhalieren	**(Non) inalare** [(nonn) innallarä]
(Nicht) kauen	**(Non) masticare** [(nonn) mastikarä]
(Nicht) kühlen	**(Non) raffreddare** [(nonn) raffräddarä]
(Nicht) lutschen	**(Non) succhiare** [(nonn) sukiarä]
(Nicht) öffnen	**(Non) aprire** [(nonn) aprirä]
(Nicht) pressen	**(Non) premere** [(nonn) prämärä]
(Nicht) schlucken	**(Non) inghiottire** [(nonn) ingiottirä]

(Nicht) schreiben	**(Non) scrivere** [(nonn) scrivärä]
(Nicht) trinken	**(Non) bere** [(nonn) bärä]
(Nicht) warten	**(Non) aspettare** [(nonn) aspättarä]
(Nicht) zubeißen	**(Non) mordere** [(nonn) mordärä]
Hinaus gehen	**Uscire** [uschirä]
Nicht rauchen	**Non fumare** [nonn fumarä]
Stuhlprobe	**Campione delle feci** [kampionä dällä fätschi]
Urinprobe	**Campione di urina** [kampionä di urina]
Unterschreiben	**Firmare** [firmarä]
Warmhalten	**Tenere caldo** [tänärä kaldo]
Wiederkommen	**Ritornare** [ritornarä]
Mit Dolmetscher wiederkommen	**Ritornare con interprete** [ritornarä con intärprätä]

5. Ärztliche Maßnahmen

Absaugen	**Aspirare** [aspirarä]
Bestrahlung	**Cura di raggi** [kura di radschi]
Blutdruckmessung	**Misurazione della pressione** [misurazionä dälla prässionä]
Blutentnahme	**Prelievo di sangue** [priliävo di sanguä]
Bluttransfusion	**la trasfusione del sangue** [trassfusjone del ssangue]
Bohren	**Trapanare** [trapanarä]
Desinfektion	**Disinfezione** [dissinfezionä]
EKG	**Elettrocardiogramma** [ellättrokardiogramma]
Entfernung	**Asportazione** [asportazionä]
Heftpflaster	**il cerotto** [tscherrotto]
Impfung	**Vaccinazione** [watschinazionä]
Katheter	**Catetere** [katätärä]
Krankengymnastik	**Fisioterapia** [fisiotärapia]
Massage	**Massaggio** [massadscho]

Narkose	**Narcosi** [narkosi]
Operation	**Operazione** [opärazionä]
Punktion	**Puntura** [puntura]
Röntgen	**Fare una radiografia** [farä una radiografia]
Ruhigstellung	**Immobilizzazione** [immobilizzazionä]
Schienung	**Steccare** [stäkarä]
Sonographie	**Sonografia** [sonografia]
Spritze	**Iniezione** [iniäzionä]
Temperaturmessung	**Misurazione della temperatura** [misurazionä dälla tämpäratura]
Untersuchung	**Visita** [wisita]
Verband	**Fasciatura** [faschiatura]
Zahnfüllung	**Piombatura** [piombatura]

6. Medikamente

Antibiotikum	**Antibiotico** [antibiotiko]
Drogen (im Sinne von Rauschmitteln)	**La droga** [droga]

Infusion	**Infusione** [infusionä]
Lutschtablette	**Le pasticche per sciogliere in bocca** [le passtikkä per scholljärä in bokka]
Saft	**Sciroppo** [schiroppo]
Salbe	**Pomata** [pomata]
Schmerzmittel	**Analgesico** [analdschäsiko]
Tablette	**Compresse** [komprässä]
Tropfen	**Goccie** [gottschä]
Zäpfchen	**Supposta** [supposta]
Morgens	**La mattina** [la mattina]
Mittags	**Il mezzogiorno** [il mäzzodschorno]
Abends	**La sera** [la sära]
Vor dem Essen	**Prima dei pasti** [prima däi pasti]
Nach dem Essen	**Dopo i pasti** [dopo i pasti]
Mit Wasser	**Con acqua** [kon akua]
Esslöffel	**Cucchiaio** [kukiaio]

Kroatisch

1. Personalien und Abrechnungsdaten

Name	**Prezime** [präsimä]
Vorname	**Ime** [imä]
Geburtsdatum	**Datum rođenja** [datum rodjenja]
(Tag/Monat/Jahr)	**Dan/mjesec/godina** [dan/mjessätz/godina]
Geburtsort	**Mjesto rođenja** [mjesto rodjenja]
Angehörige	**Obitelj** [obitellj]
Krankenversicherung	**Zdravstveno osiguranje** [sdrawst-wenno ossiguranje]
Versicherungskarte	**Karta osiguranja** [karta ossiguranja]
Arbeitgeber	**Poslodavac** [poslodawatz]
Hausarzt	**Obiteljski liječnik** [obitelljeski lijättschnik]
Ausweis	**Iskaznica** [isskasnitza]
Adresse	**Adresa** [adressa]

2. Allgemeine Begriffe und Redewendungen

Guten Tag	**Dobar dan** [dobar dan]
Auf Wiedersehen	**Doviđenja** [dowidjenja]
Gute Besserung	**Ozdravite brzo** [osdrawitc br-so]
Ja	**Da** [da]
Nein	**Ne** [nä]
Wo	**Gdje** [g-dje]
Wann	**Kada** [kada]
Wie	**Kako** [kako]
Wie oft	**Koliko često** [koliko tschästo]
Krankenhaus	**Bolnica** [bollnitza]
Apotheke	**Ljekarna** [ljäkarna]
Überweisung	**Uputa** [uputa]
Rezept	**Recept** [räzept]
Facharzt	**Liječnik specijalist** [lijätschnik sspätzjalist]

Dolmetscher	**Tumač** [tumatsch]
Gut	**Dobro** [dobro]
Schlecht	**Loše** [losche]
Harmlos	**Bezopasno** [bäs-opassno]
Lebensbedrohlich	**Opasno po život** [opassno po schiwott]
Ansteckend	**Zarazno** [sarasno]
Akut	**Akutno** [akuttno]
Chronisch	**Kronično** [kronitschno]
Kontrolltermin	**Kontrolni pregled** [kontrolni preglet]
Entlassung	**Otpust** [otpust]

3. Beschwerden und Diagnosen

Abszess	**Apsces** [aps-zess]
Aids	**Sida** [ssida]
Allergie	**Alergija** [allergija]
Anämie	**Slabokrvnost** [sslabokreffnosst]
Angina	**Angina** [angina]
Angst	**Strah** [strach]
Appetitlosigkeit	**Gubitak apetita** [gubitak appetita]
Asthma	**Astma** [astma]
Atemnot	**Nedostatak zraka** [nädosstatak sraka]
Ausfluss	**Iscjedak** [istz-jädak]
Ausschlag	**Osip** [ossip]
Auswurf	**Ispljuvak** [isspljuwak]
Bandscheibenschaden	**Oštećenje intervertebralnog diska** [Schetchenje interwertebralncg diska]
Bauchschmerzen	**Bolovi u trbuhu** [bollowi utr-buhu]

Bewusstseinsstörungen	**Poremećaj svijesti** [poremetchaj swiejästi]
Blähungen	**Nadimanje** [nadimanje]
Blasenentzündung	**Upala mokraćnog mjehura** [upala mokratchnog mjechura]
Blinddarmentzündung	**Upala slijepog crijeva** [upala ssli-jepog zri-jäwa]
Blut im Stuhl	**Krv u stolici** [kriff u-sstollitzi]
Blut im Urin	**Krv u mokraći** [kriff u-mokratchi]
Bluterguss	**Izlijevanje krvi** [isli-jewanje kr-wi]
Bluthochdruck	**Visok krvni tlak** [wisok kriffni t-lak]
Blutung	**Krvni izljev** [kriffni isl-jew]
Blutvergiftung	**Otrovanje krvi** [otrowanje kr-wi]
Brennen	**Pečenje** [pätschenje]
Bronchitis	**Bronhitis** [bronchitis]
Bruch	**Preponska kila** [präponnska kila]
Brustschmerzen	**Bolovi u prsima** [bollowi upr-sima]
Darmentzündung	**Upala crijeva** [upala zri-jäwa]

Diabetes	**Šećerna bolest** [schätchärna bollesst]
Druck	**Tlak** [t-lak]
Durchblutungsstörung	**Poremećaj prokrvljenosti** [porämätchaj prokriffl-jenossti]
Durchfall	**Proljev** [proljeff]
Durst	**Žeđ** [schedj]
Eierstockentzündung	**Upala jajnika** [upala jaschnika]
Embolie	**Embolija** [embolija]
Entzündung	**Upala** [upala]
Epilepsie	**Epilepsija** [epilepsia]
Erbrechen	**Povraćanje** [poffratchanje]
Erkältung	**Prehlada** [prechlada]
Fehlgeburt	**Spontani pobačaj** [sspontani pobatschai]
Fieber	**Povišena temperatura** [powischenna temperatura]
Frieren	**Smrzavanje** [ssm-re-sawanje]
Gallenblasenentzündung	**Upala žučnog mjehura** [upala schutschnog mjechura]

Gallenkolik	**Zučna kolika** [schutschna kolika]
Gebärmutterentzündung	**Upala maternice** [upala maternitze]
Gehirnerschütterung	**Potres mozga** [potress mosga]
Gelbsucht	**Zutica** [schutitza]
Gerinnungsstörung	**Poremećaj zgrušavanja krvi** [porämätchaj sgruschawanja kr-wi]
Geschlechtskrankheit	**Spolna bolest** [sspollna bollest]
Geschwür	**Vrijed** [wri-jäd]
Gicht	**Giht** [gicht]
Grippe	**Gripa** [gripa]
Gürtelrose	**Kosopasica** [kossopassitza]
Halsentzündung	**Upala grla** [upala gr-la]
Halsschmerzen	**Bolovi u grlu** [bollowi ugr-lu]
Hämorrhoiden	**Hemoroidi** [hämoro-idi]
Harndrang	**Nagon na mokrenje** [nagon na mokrännje]
Herzinfarkt	**Infarkt** [infarkt]

Herzkrankheit	**Srčano oboljenje** [ssrtschano obolljenje]
Hirnhautentzündung	**Upala moždane ovojnice** [upala moschdanä owoschnitze]
Hirnschlag	**Moždana kap** [moschdana kapp]
Hörstörung	**Poremećaj sluha** [porämätchaj sslucha]
Hunger	**Glad** [glad]
Husten	**Kašalj** [kaschalsch]
Infarkt	**Infarkt** [infarkt]
Infektion	**Infekcija** [infektzija]
Insektenstich	**Ubod insekta** [ubod inssekta]
Ischias	**Išijas** [ischijass]
Juckreiz	**Svrbež** [sswrebäsch]
Karies	**Karijes** [karijess]
Knochenbruch	**Prijelom kosti** [prijelom kossti]
Kopfschmerzen	**Glavobolja** [glawobollja]
Krämpfe	**Grčevi** [gr-tschäwi]

Krebs	**Rak** [rak]
Kreislaufstörungen	**Smetnje krvotoka** [ssmätnje kr-wotoka]
Lähmung	**Oduzetost** [odusetost]
Leistenbruch	**Preponska kila** [präponnska kila]
Leukämie	**Leukemija** [le-ukemija]
Lungenentzündung	**Upala pluća** [upala plutcha]
Magen-Darm-Entzündung	**Upala probavnih organa** [upala probawnich organa]
Menstruation	**Mjesečnica** [mjesätschnitza]
Müdigkeit	**Umor** [u-mohr]
Muskelriss	**Istrgnuće mišića** [isstre-gnutche mischitcha]
Nervosität	**Nervoza** [nerwosa]
Nierenentzündung	**Upala bubrega** [upala bubräga]
Ohrentzündung	**Upala uha** [upala ucha]
Rheuma	**Reuma** [re-uma]
Rötung	**Crvenilo** [zr-wännilo]

Rückenschmerzen	**Bolovi u leđima** [bollowi u-lädjima]
Schilddrüse	**Stitnjača** [schtitt-njatscha]
Schlafstörung	**Poremećaj spavanja** [porämätchaj sspawannja]
Schluckbeschwerden	**Smetnje gutanja** [ssmätnje gutannja]
Schmerzen	**Bolovi** [bollowi]
Schnupfen	**Hunjavica** [hunjawitza]
Schüttelfrost	**Tresavica, zimica** [tressawitza, simitza]
Schwäche	**Slabost** [sslabosst]
Schwangerschaft	**Trudnoća** [trudnotcha]
Schwindel	**Vrtoglavica** [wr-toglawitza]
Schwitzen	**Znojenje** [zno-jenje]
Sehstörung	**Poremećaj vida** [porämätchaj wida]
Sodbrennen	**Žgaravica** [schgarawitza]
Stechen	**Probadanje** [probadanje]
Sterben	**Umiranje** [umiranje]

Stuhldrang	**Nagon na stolicu** [nagon na sstollitzu]
Suizid	**Suicid** [ssuitzid]
Tetanus	**Tetanus** [tätanuss]
Thrombose	**Tromboza** [trombosa]
Tod	**Smrt** [ssm-ret]
Tuberkulose	**Tuberkuloza** [tuberkulosa]
Tumor	**Tumor** [tuhmohr]
Typhus	**Tifus** [tihfuss]
Übelkeit	**Mučnina** [mutschnina]
Unfall	**Nezgoda** [nesgoda]
Verbrennung	**Opeklina** [opeklina]
Verfärbung	**Promjena boje** [promjenna boje]
Vergiftung	**Trovanje** [trowanje]
Verletzung	**Ozljeda** [ossljeda]
Verrenkung	**Iščašenje** [ischtscha-schenje]

Verstauchung	**Uganuće** [uganutche]
Verstopfung	**Zatvor** [satwor]
Wehen	**Trudovi** [trudowi]
Zahnfleischentzündung	**Upala desni** [upala dessni]
Zuckerkrankheit	**Sećerna bolest** [schätchärna bollesst]

4. Was soll der Patient (nicht) tun

(Nicht) anrufen	**(Ne) nazvati** [(ne) naswati]
(Nicht) aufstehen	**Ustanite (nemojte ustati)** [usstanite (nämoschte usstati)]
(Nicht) ausatmen	**Izdahnite (nemojte izdisati)** [isdachnite (nämoschte isdissati)]
(Nicht) ausspülen	**Ispirajte (nemojte ispirati)** [isspirajte (nämoschte isspirati)]
(Nicht) ausziehen	**Skinite (nemojte skidati)** [sskinite (nämoschte sskidati)]
(Nicht) baden	**Kupajte se (nemojte se kupati)** [kupajte ssä (nämoschte ssä kupati)]
(Nicht) belasten	**Opterećujte se (nemojte se opterećivati)** [opterätchujte ssä (nämoschte ssä optärätchiwati)]
(Nicht) bewegen	**Krećite se (nemojte se kretati)** [krätchite ssä (nämoschte ssä krätati)]
(Nicht) bezahlen	**Platite (nemojte plaćati)** [platite (nämoschte platchati)]
(Nicht) bleiben	**Ostanite (nemojte ostajati)** [osstanite (nämoschte osstajati)]
(Nicht) drehen	**Okrenite se (nemojte se okretati)** [okränite ssä (nämoschte ssä okrätati)]
(Nicht) drücken	**Pritisnite (nemojte pritiskati)** [pritisnite (nämoschte pritiskati)]
(Nicht) einatmen	**Udišite (nemojte udisati)** [udischite (nämoschte udisati)]

(Nicht) einreiben	**Mažite (nemojte mazati)** [maschite (nämoschte masati)]
(Nicht) entspannen	**Opustite se (nemojte se opustiti)** [opus-tite ssä (nämoschte ssä opus-titi)]
(Nicht) essen	**Jedite (nemojte jesti)** [jädite (nämoschte jäs-ti)]
(Nicht) gehen	**Idite (nemojte ići)** [idite (nämoschte itchi)]
(Nicht) gurgeln	**Ispirajte grlo (nemojte ispirati grlo)** [isspirajte gr-lo (nämoschte isspirati gr-lo)]
(Nicht) hinlegen	**Lezite (nemojte legati)** [läsite (nämoschte lägati)]
(Nicht) hinsetzen	**Sjedite (nemojte sjedati)** [sjädite (nämoschte ssjädati)]
(Nicht) hochlagern	**Postavite povišeno (nemojte postaviti povišeno)** [posstawite powischänno (nämoschte posstawiti powischänno)]
(Nicht) husten	**Kašljite (nemojte kašljati)** [kaschli-ite (nämoschte kaschliati)]
(Nicht) inhalieren	**Udišite (nemojte udisati)** [udischite (nämoschte udissati)]
(Nicht) kauen	**Zvačite (nemojte žvakati)** [schwatschite (nämoschte schwakati)]
(Nicht) kühlen	**Hladite (nemojte hladiti)** [chladite (nämoschte chladiti)]
(Nicht) lutschen	**Sišite (nemojte sisati)** [ssischite (nämoschte ssissati)]

(Nicht) öffnen	**Otvorite (nemojte otvarati)** [otworite (nämoschte otwarati)]
(Nicht) pressen	**Pritisnite (nemojte pritiskati)** [pritissnite (nämoschte pritisskati)]
(Nicht) schlucken	**Gutajte (nemojte gutati)** [gutajte (nämoschte gutati)]
(Nicht) schreiben	**Pišite (nemojte pisati)** [pischite (nämoschte pissati)]
(Nicht) trinken	**Pijte (nemojte piti)** [pijte (nämoschte piti)]
(Nicht) warten	**Cekajte (nemojte čekati)** [tschekajte (nämoschte tschekati)]
(Nicht) zubeißen	**Zagrizite (nemojte zagristi)** [sagrisite (nämoschte sagrissti)]
Hinaus gehen	**Izaći vani** [isatchi vani]
Nicht rauchen	**Nemojte pušiti** [nämoschte puschiti]
Stuhlprobe	**Uzorak stolice** [usorak stollitze]
Urinprobe	**Uzorak mokraće** [usorak mokratche]
Unterschreiben	**Potpišite** [pottpischite]
Warmhalten	**Držati na toplom, utopliti** [dr-schati na toplom, utopliti]
Wiederkommen	**Dođite ponovo** [dodjite ponowo]
Mit Dolmetscher wiederkommen	**Dođite ponovo s tumačem** [dodjite ponowo sstumatschem

5. Ärztliche Maßnahmen

Absaugen	**Isisati** [isissati]
Bestrahlung	**Zračenje** [sratschenje]
Blutdruckmessung	**Mjerenje krvnoga tlaka** [mjerenje kriffnoga t-laka]
Blutentnahme	**Uzimanje krvi** [usimanje kr-wi]
Bluttransfusion	**Transfuzija krvi** [transfusia krwi]
Bohren	**Bušenje** [buschenje]
Desinfektion	**Dezinfekcija** [desinfektzija]
EKG	**EKG** [E-ka-ge]
Entfernung	**Otklanjanje** [otklanjanje]
Heftpflaster	**Melem** [melem]
Impfung	**Cijepljenje** [zijäpljenje]
Katheter	**Kateter** [kateter]
Krankengymnastik	**Fizikalna terapija** [fisikalna tärapija]
Massage	**Masaža** [maßahscha]

Narkose	**Narkoza** [narkohßa]
Operation	**Operacija** [operatzija]
Punktion	**Punkcija** [punktzija]
Röntgen	**Rendgen** [rendgen]
Ruhigstellung	**Mirni stav** [mirni sstaw]
Schienung	**Staviti udlagu** [sstawiti udlagu]
Sonographie	**Ultrazvuk** [ultraswuk]
Spritze	**Strcaljka** [schtr-tzaljka]
Temperaturmessung	**Mjerenje temperature** [mjerännje temperature]
Untersuchung	**Pregled** [prägläd]
Verband	**Zavoj** [sawoj]
Zahnfüllung	**Zubna plomba** [subna plomba]

6. Medikamente

Antibiotikum	**Antibiotik** [antibiotik]
Drogen (im Sinne von Rauschmitteln)	**Droge** [droge]

Infusion	**Infuzija** [infusija]
Lutschtablette	**Pastila** [pastilla]
Saft	**Sirup** [ssirup]
Salbe	**Mast** [masst]
Schmerzmittel	**Sredstvo protu bolova** [ssrädstwo protu bollowa]
Tablette	**Tablete** [tablette]
Tropfen	**Kapi** [kapi]
Zäpfchen	**Cepić** [tschepitch]
Morgens	**Ujutro** [ujutro]
Mittags	**U podne** [u podne]
Abends	**Uvečer** [uwätscher]
Vor dem Essen	**Prije jela** [prije jella]
Nach dem Essen	**Poslije jela** [poslije jella]
Mit Wasser	**S vodom** [s wodom]
Esslöffel	**Jušna žlica** [juschna schlietza]

Polnisch

1. Personalien und Abrechnungsdaten

Name	**Nazwisko** [naswisko]
Vorname	**Imię** [imjä]
Geburtsdatum	**Data urodzin** [data urodsin]
Tag/Monat/Jahr	**Dzień/miesiąc/rok** [dsiän/miesiouz/rock]
Geburtsort	**Miejsce urodzenia** [miejszä urotzänja]
Angehörige	**Krewni** [kräwnji]
Krankenversicherung	**Ubezpieczenie chorobowe** [ubespiätscheniä chorobowä]
Versicherungskarte	**Legitymacja ubezpieczenieniowa** [legitymazja ubäspjetscheniowa]
Arbeitgeber	**Miejsce pracy** [mjejszä pracy]
Hausarzt	**Lekarz domowy** [läkasch domowy]
Ausweis	**Dowód osobisty** [dowud ossobisty]
Adresse	**Adres** [adress]

2. Allgemeine Begriffe und Redewendungen

Guten Tag	**Dzień dobry** [dsjän dobry]
Auf Wiedersehen	**Do widzenia** [do widsänja]
Gute Besserung	**Dobrego powrotu do zdrowia** [dobrägo powrotu do sdrowja]
Ja	**Tak** [tak]
Nein	**Nie** [nje]
Wo	**Gdzie** [gdschä]
Wann	**Kiedy** [kjedy]
Wie	**Jak** [jack]
Wie oft	**Jak często** [jack tschänsto]
Krankenhaus	**Szpital** [schpitall]
Apotheke	**Apteka** [apptäcka]
Überweisung	**Skierowanie** [sskjerowanje]
Rezept	**Recepta** [räzepta]
Facharzt	**Lekarz specjalista** [läkasch späzjalissta]

Dolmetscher	**Tłumacz języków** [twumatsch jensykuw]
Gut	**Dobrze** [dobschä]
Schlecht	**źle** [schlä]
Harmlos	**Nieszkodliwe** [njeschkodliwä]
Lebensbedrohlich	**Zagrażające życiu** [sagraschajonzä schytsju]
Ansteckend	**Zakaźne** [sakaschnä]
Akut	**Ostre (gwałtowne)** [ossträ (gwautownä)]
Chronisch	**Przewlekłe (długotrwałe)** [pschäwleckue (dwugotrwauä)]
Kontrolltermin	**Wizyta kontrolna** [wisita konntrollna]
Entlassung	**Wypis (ze szpitala)** [wipis se schpitala]

3. Beschwerden und Diagnosen

Abszess	**Ropień (wrzód)** [ropjenj (wschud)]
Aids	**Aids** [aids]
Allergie	**Alergia (Uczulenie)** [allergja (utschullenjä)]
Anämie	**Anemia** [anämja]
Angina	**Angina** [angina]
Angst	**Strach** [strach]
Appetitlosigkeit	**Brak apetytu** [brack appettytu]
Asthma	**Astma (duszność)** [asthma (duschnoschtsch)]
Atemnot	**Duszność** [duschnoschtsch]
Ausfluss	**Wydzielina (wyciek ropy)** [wydsielina (wytzieck ropy)]
Ausschlag	**Wysypka** [wysyppka]
Auswurf	**Plwocina/flegma** [plwotzina/pflägma)]
Bandscheibenschaden	**Uszkodzenie dysku** [uschkodsenjä dyscku]
Bauchschmerzen	**Bóle brzucha** [bullä bschucha]

Bewusstseinsstörungen	**Zaburzenie świadomości** [sabuschänjä schjwjaddomoschtsi]
Blähungen	**Wzdęcia** [wsdentscha]
Blasenentzündung	**Zapalenie pęcherza** [sappallänjä penchäscha]
Blinddarmentzündung	**Zapalenie wyrostka robaczkowego** [sappallänjä wyrosstcka robatschkowägo]
Blut im Stuhl	**Krew w stolcu** [kräw w sstolltzu]
Blut im Urin	**Krew w moczu** [kräw w motschu]
Bluterguss	**Krwotok** [krwottock]
Bluthochdruck	**Wysokie ciśnienie (krwi)** [wyssokjä tschischnjänjä (krwji)]
Blutung	**Krwawienie** [krwawjänjä]
Blutvergiftung	**Zakażenie krwi** [sackaschänjä krwji]
Brennen	**Pieczenie** [piätchänjä]
Bronchitis	**Nieżyt oskrzeli** [njeschytt ossckschälli]
Bruch	**Przepuklina** [pschäpuklina]
Brustschmerzen	**Bóle w piersiach** [bullä w pjärschjach]
Darmentzündung	**Zapalenie jelita** [sappallänjä jällita]

Diabetes	**Cukrzyca** [zuckschytza]
Druck	**Ciśnienie** [tschischniäniä]
Durchblutungsstörung	**Niedokrwienie** [njädockrwjänjä]
Durchfall	**Rozwolnienie** [roswollnjänjä]
Durst	**Pragnienie** [pragnjänjä]
Eierstockentzündung	**Zapalenie jajników** [sappallänjä jajnikuw]
Embolie	**Zator** [sattorr]
Entzündung	**Zapalenie** [sappallänjä]
Epilepsie	**Padaczka** [padatschka]
Erbrechen	**Wymioty** [wymjotty]
Erkältung	**Przeziębienie** [pschäsjämbjänjä]
Fehlgeburt	**Poronienie** [poronjänjä]
Fieber	**Gorączka** [gorronstschka]
Frieren	**Marznąć** [marsnodsch]

Gallenblasenentzündung	**Zapalenie woreczka żółciowego** [sappallänjä worrätschka schuhtchjowägo]
Gallenkolik	**Kolka wątrobowa** [kollcka wohtrobbowa]
Gebärmutterentzündung	**Zapalenie macicy** [sappallänjä matzitzy]
Gehirnerschütterung	**Wstrząs mózgu** [wsstschonss musgu]
Gelbsucht	**Zółtaczka** [schuhtatschcka]
Gerinnungsstörung	**Zaburzenie krzepliwości** [sabuschenjä kschäppliwoschtschi]
Geschlechtskrankheit	**Choroba weneryczna** [chorroba wänärytschna]
Geschwür	**Wrzód** [wschudd]
Gicht	**Podagra, artretyzm** [poddagra, artrettysm]
Grippe	**Grypa** [gryppa]
Gürtelrose	**Półpasiec** [puhpaschjätz]
Halsentzündung	**Zapalenie gardła** [sappallänjä gardua]
Halsschmerzen	**Bóle gardła** [bullä gardua]
Hämorrhoiden	**Hemoroidy** [Hämorroidy]

Harndrang	**Parcie moczu** [partschjä motschu]
Herzinfarkt	**Atak serca** [attak ssertza]
Herzkrankheit	**Choroba serca** [choroba ssertza]
Hirnhautentzündung	**Zapalenie opon mózgowych** [sappallänjä opponn musgowych]
Hirnschlag	**Udar mózgu** [uddarr musgu]
Hörstörung	**Zaburzenie słuchu** [sabuschänjä swuchu]
Hunger	**Głód** [gwudd]
Husten	**Kaszel** [kaschell]
Infarkt	**Zawał** [sawau]
Infektion	**Infekcja, zakażenie** [innfeckzja, sackaschenjä]
Insektenstich	**Ukąszenie przez owady** [ukonscheniä psches owadi]
Ischias	**Newralgia nerwu kulszowego** [näwrallgja nerwu kullschowägo]
Juckreiz	**Swędzenie** [swändsenjä]
Karies	**Próchnica zębów** [pruchnitza sänbuw]
Knochenbruch	**Złamanie kości** [suamanjä koschtchi]

Kopfschmerzen	**Bóle głowy** [bullä guowy]
Krämpfe	**Kurcze, spazmy** [kurtschä, sspasmy]
Krebs	**Rak** [rrack]
Kreislaufstörungen	**Zaburzenie krążenia krwi** [sabuschenjä kronschenja krwji]
Lähmung	**Paraliż** [parralisch]
Leistenbruch	**Przepuklina pachwinowa/ruptura** [pschäpucklina pachwinowa/ruptura]
Leukämie	**Białaczka** bjauatschka]
Lungenentzündung	**Zapalenie płuc** [sappallänjä pwutz]
Magen-Darm-Entzündung	**Zapalenie żołądka i jelit** [sappallänjä schouondcka i jällitt]
Menstruation	**Menstruacja/miesiączka** [mänstruatzja/miäschjontschka
Müdigkeit	**Zmęczenie** [smäntschänjä]
Muskelriss	**Rozdarcie mięśnia** [rossdartschjä mjenschnja]
Nervosität	**Nerwowość** [närwowoschtsch
Nierenentzündung	**Zapalenie nerek** [sappallänjä närreck]
Ohrentzündung	**Zapalenie ucha** [sappallänjä ucha (schroddkowägo)]

Rheuma	**Reumatyzm** [räumattysm]
Rötung	**Zaczerwienienie** [satscherwjänjänjä]
Rückenschmerzen	**Bóle pleców** [bullä plätzuf]
Schilddrüse	**Tarczyca** [tarrtschytza]
Schlafstörung	**Bezsenność** [bäs-ssenn-noschtsch]
Schluckbeschwerden	**Trudności z przełykaniem** [truddnosch-tschi s pschäuykkanjäm]
Schmerzen	**Bóle** [bullä]
Schnupfen	**Katar** [kattarr]
Schüttelfrost	**Dreszcze/febra** [dresch-tschä/fäbrra]
Schwäche	**Zemdlenie** [sämdlänjä]
Schwangerschaft	**Ciąża** [tchjonscha]
Schwindel	**Zawrót głowy** [sawrutt guowy]
Schwitzen	**Pocić się** [potchitsch sjä]
Sehstörung	**Zaburzenie widzenia** [sabuschänja witzänja]
Sodbrennen	**Zgaga** [sgaga]

Stechen	**Kłucie** [kwuhtschä]
Sterben	**Umierać** [umjäratch]
Stuhldrang	**Parcie na stolec** [parrtschjä na sstolletz]
Suizid	**Samobójstwo** [ssamobujstwo]
Tetanus	**Tężec** [tenschätz]
Thrombose	**Skrzeplina, zakrzep** [sskschäplina, sakschäp]
Tod	**Smierć** [schmjärrtsch]
Tuberkulose	**Gruźlica** [gruschlitza]
Tumor	**Guz zapalny/nowotworowy** [gus sappallny/nowottworrowy]
Typhus	**Tyfus** [typhuss]
Übelkeit	**Wymioty** [wymjotty]
Unfall	**Wypadek** [wyppaddeck]
Verbrennung	**Oparzenie** [oppaschä-njä]
Verfärbung	**Przebarwienie** [pschäbarwjäniä]
Vergiftung	**Zatrucie** [zattrutschjä]

Verletzung	**Skaleczenie, uraz** [sskallätschänjä, urras]
Verrenkung	**Zwichnięcie** [swichnjäntchjä]
Verstauchung	**Zwichnięcie** [swichnjäntchjä]
Verstopfung	**Zatwardzenie** [sattwardsänjä]
Wehen	**Bóle porodowe** [bullä porrodowä]
Zahnfleischentzündung	**Zapalenie dziąsła** [sappallänjä dsjonsua]
Zuckerkrankheit	**Cukrzyca** [zuckschytza]

4. Was soll der Patient (nicht) tun

(Nicht) anrufen	**(Nie) dzwonić** [(njä) dswonitch]
(Nicht) aufstehen	**(Nie) wstawać** [(njä) wsstawatsch]
(Nicht) ausatmen	**(Nie) oddychać** [(njä) odd-dychatsch]
(Nicht) ausspülen	**(Nie) płukać** [(njä) pwuckatsch]
(Nicht) ausziehen	**(Nie) rozbierać się** [(njä) ros-bjäratsch sjeh]
(Nicht) baden	**(Nie) kąpać się** [(njä) kompatsch sjeh]
(Nicht) belasten	**(Nie) obciążać** [(njä) obb-tschjon-schatsch]
(Nicht) bewegen	**Nie poruszać się** [(njä) poruschatsch sjeh]
(Nicht) bezahlen	**(Nie) płacić** [(njä) puatschitsch]
(Nicht) bleiben	**(Nie) zostawać** [(njä) sosstawatsch]
(Nicht) drehen	**(Nie) kręcić** [(njä) krentschitsch]
(Nicht) drücken	**(Nie) naciskać** [(njä) natchisskatsch]
(Nicht) einatmen	**(Nie) wdychać** [(njä) wdychatsch]
(Nicht) einreiben	**(Nie) nacierać** [(njä) natschjä-ratsch]

(Nicht) entspannen	**(Nie) rozluźniać się** [(njä) ros-luschnjatsch sjeh]
(Nicht) essen	**(Nie) jeść** [(njä) jäschtsch]
(Nicht) gehen	**(Nie) chodzić** [(njä) chodsitsch]
(Nicht) gurgeln	**(Nie) płukać** [(njä) pwuckatsch]
(Nicht) hinlegen	**(Nie) kłaść się** [(njä) kuaschtsch sjeh]
(Nicht) hinsetzen	**(Nie) siadać** [(njä) schjaddatsch]
(Nicht) hochlagern	**(Nie) trzymać wysoko** [(njä) tschy-matsch wyssocko]
(Nicht) husten	**(Nie) kaszleć** [(njä) kaschlä-tsch]
(Nicht) inhalieren	**(Nie) inhalować** [(njä) inn-hallowatsch]
(Nicht) kauen	**(Nie) gryźć** [(njä) grrysch-tsch]
(Nicht) kühlen	**(Nie) oziębiać** [(njä) osjembjatsch]
(Nicht) lutschen	**(Nie) ssać** [(njä) ss-ssatsch]
(Nicht) öffnen	**(Nie) otwierać** [(njä) ottwjä-rratsch]
(Nicht) pressen	**(Nie) naciskać** [(njä) natziss-katsch]
(Nicht) schlucken	**(Nie) łykać** [(njä) uyckatsch]

(Nicht) schreiben	**(Nie) pisać** [(njä) pissatsch]
(Nicht) trinken	**(Nie) pić** [(njä) pitsch]
(Nicht) warten	**(Nie) czekać** [(njä) tschä-katsch]
(Nicht) zubeißen	**(Nie) przygryzać** [(njä) pschy-grrysatsch]
Hinaus gehen	**Wyjść, wychodzić** [wyjschtsch, wychodschitsch]
Nicht rauchen	**Nie palić (papierosów)** [njä pallitsch (pappjärrossuw)]
Stuhlprobe	**Próba stolca** [pruba sstoltza]
Urinprobe	**Próba moczu** [pruba motschu]
Unterschreiben	**Podpisać (proszę)** [podd-pissatsch (proscheh)]
Warmhalten	**Trzymać ciepło** [tschymatsch tschjäppuo]
Wiederkommen	**Przyjść znowu (proszę)** [pschyjschtch snowu (proscheh)]
Mit Dolmetscher wiederkommen	**Przyjść z tłumaczem** [pschyjschtch s twumatschemm]

5. Ärztliche Maßnahmen

Absaugen	**Odpompować** [odd-pompowadsch]
Bestrahlung	**Naświetlanie** [naschwjättlanjä]
Blutdruckmessung	**Badanie ciśnienia krwi** [badanjä tschischnjänja krwji]
Blutentnahme	**Pobranie krwi** [pobranjä krwji]
Bluttransfusion	**Transfuzja krwi** [transsfusja krwi]
Bohren	**Borowanie** [borrowanjä]
Desinfektion	**Dezynfekcja** [däsynphäckzja]
EKG	**EKG** [EKG]
Entfernung	**Odległość** [odd-leguosch-tsch]
Heftpflaster	**Plaster** [plasstär]
Impfung	**Szczepienie** [scht-chäpjä-njä]
Katheter	**Cewnik** [tsäwnick]
Krankengymnastik	**Gimnastyka lecznicza** [gimnasstycka lätschnitcha]
Massage	**Masaż** [massasch]

Narkose	**Narkoza** [narrkosa]
Operation	**Operacja** [opperratzja]
Punktion	**Punkcja** [punnkzja]
Röntgen	**Roentgen** [röntgen]
Ruhigstellung	**Pozycja spoczynku, swobodne ułożenie** [posytzja sspotschynku, sswobodne uwoschenjä]
Schienung	**Szynować, wstawić w łupki** [schynowatsch, wsstawitsch w wuppki]
Sonographie	**Sonografia** [sonnographia]
Spritze	**Zastrzyk** [sasst-schyck]
Temperaturmessung	**Mierzenie temperatury** [mjäschänjä temperratury]
Untersuchung	**Badanie** [badanjä]
Verband	**Bandaż** [bandasch]
Zahnfüllung	**Wypełnienie zęba, plomba** [wypäu-njänjä senba, plomba]

6. Medikamente

Antibiotikum	**Antybiotyk** [antybjottyck]
Drogen (im Sinne von Rauschmitteln)	**Narkotyki** [narkotiki]

Infusion	**Infuzja** [innphusja]
Lutschtablette	**Tabletka do ssania** [tablätka do sssania]
Saft	**Sok** [ssock]
Salbe	**Maść** [maschtsch]
Schmerzmittel	**Srodek przeciwbólowy** [schroddeck pschetzjiw-bullowy]
Tablette	**Tabletka** [tabblettka]
Tropfen	**Krople** [kropplä]
Zäpfchen	**Czopki** [tschoppki]
Morgens	**Rano (rankiem)** [rranno (rrankjäm)]
Mittags	**W południe** [w powuddnjä]
Abends	**Wieczorem** [wjätchorräm]
Vor dem Essen	**Przed jedzeniem** [pschädd jedsänjämm]
Nach dem Essen	**Po jedzeniu** [po jedsänju]
Mit Wasser	**Z wodą** [s woddoh]
Esslöffel	**łyżka stołowa** [uyschka sstouowa]

Portugiesisch

1. Personalien und Abrechnungsdaten

Name	**Apelido** [apelido]
Vorname	**Nome próprio** [nome proprio]
Geburtsdatum	**Data de nascimento** [data de naschimento]
Tag/Monat/Jahr	**Dia/mês/ano** [dia/mesch/ano]
Geburtsort	**Lugar de nascimento** [lugar de naschimento]
Angehörige	**Parentes** [parentesch]
Krankenversicherung	**Sistema de assistência médica** [sischtema de assischtengsia medika]
Versicherungskarte	**Cartão de seguro** [cartau de seguro]
Arbeitgeber	**Empresário** [engpressariu]
Hausarzt	**Médico de casa** [mediko de casa]
Ausweis	**Bilhete de Identidade** [biljete de identidade]
Adresse	**Endereço** [engderesso]

2. Allgemeine Begriffe und Redewendungen

Guten Tag	**Bom dia** [bong dia]
Auf Wiedersehen	**Até logo** [atä logu]
Gute Besserung	**As melhoras** [äsch meljorasch]
Ja	**Sim** [sing]
Nein	**Não** [nau]
Wo	**Onde** [onde]
Wann	**Quando** [kuandu]
Wie	**Como** [komu]
Wie oft	**Quantas vezes** [kuantasch wesesch]
Krankenhaus	**Hospital** [oschpital]
Apotheke	**Farmácia** [farmassia]
Überweisung	**Credencial** [kredengssial]
Rezept	**Receita** [ressäita]
Facharzt	**(Médico) especialista** [mediko eschpessialischta]

Dolmetscher	**Intérprete** [ingterprete]
Gut	**Bom** [bong]
Schlecht	**Mal** [mal]
Harmlos	**Nada de mal** [nada de mal]
Lebensbedrohlich	**Perigo de vida** [perigu de wida]
Ansteckend	**Contagioso** [kontajiosu]
Akut	**Urgente** [urjengte]
Chronisch	**Crónico** [kroniku]
Kontrolltermin	**Data de controlo** [datä de kontrolu]
Entlassung	**Desemprego** [desengpregu]

3. Beschwerden und Diagnosen

Abszess	**Abcesso** [abssessu]
Aids	**SIDA** [ssida]
Allergie	**Alergia** [alerjia]
Anämie	**Anemia** [anemia]
Angina	**Angina** [angjina]
Angst	**Medo** [medo]
Appetitlosigkeit	**Falta de apetite** [falta de apetite]
Asthma	**Asma** [asjma]
Atemnot	**Falta de ar** [falta de ar]
Ausfluss	**Corrimento** [korrimentu)
Ausschlag	**Eczema** [eschssema]
Auswurf	**Expectoração** [eschpekturassau]
Bandscheibenschaden	**Lesão no disco vertrebal** [lesau nu dischku wertrebal]
Bauchschmerzen	**Dores de barriga** [doresch de barriga]

Bewusstseinsstörungen	**Avarias mentais** [awariasch mengtaisch]
Blähungen	**Gases** [gasesch]
Blasenentzündung	**Inflamação da bexiga** [ingflämässau da beschiga]
Blinddarmentzündung	**Apendicite** [apengdissite]
Blut im Stuhl	**Sangue nas fezes** [ssange nasch fäsesch]
Blut im Urin	**Sangue na urina** [ssange na urina]
Bluterguss	**Nódoa negra** [nodua negra]
Bluthochdruck	**Tensão alta** [tengsau alta]
Blutung	**Perda de sangue** [perda de ssange]
Blutvergiftung	**Envenenamento do sangue** [engwenenamentu du ssange]
Brennen	**Arder** [arder]
Bronchitis	**Bronquite** [brongkite]
Bruch	**Hérnia** [ernia]
Brustschmerzen	**Dores no peito** [doresch nu peitu]
Darmentzündung	**Inflamação do intestino** [ingflämässau du ingtestinu]

Diabetes	**Diabetes** [diabetesch]
Druck	**Pressão** [pressau]
Durchblutungsstörung	**Má circulação do sangue** [ma ssirkulassau du ssange]
Durchfall	**Diarreia** [diarräia]
Durst	**Sede** [ssede]
Eierstockentzündung	**Inflamação dos ovários** [ingflämässau dusch owariusch]
Embolie	**Embolia** [engbolia]
Entzündung	**Inflamação** [ingflämässau]
Epilepsie	**Epilepsia** [epilepsia]
Erbrechen	**Vomitar** [wumitar]
Erkältung	**Constipação** [kongschtipassau]
Fehlgeburt	**Aborto** [abortu]
Fieber	**Febre** [fäbre]
Frieren	**Ter frio** [ter friu]
Gallenblasenentzündung	**Inflamação da vesícula biliar** [ingflämässau da wesikula biliar]

Gallenkolik	**Cólica hepática** [kolika epatika]
Gebärmutterentzündung	**Inflamação do útero** [ingflämässau du uteru]
Gehirnerschütterung	**Comoção cerebral** [komossau sserebral]
Gelbsucht	**Icterícia** [ikteriessia)
Gerinnungsstörung	**Má coagulação** [ma koagulassau]
Geschlechtskrankheit	**Doença venérea** [duengssa wenerea]
Geschwür	**Úlcera** [ulssera]
Gicht	**Artrite** [artrite]
Grippe	**Gripe** [griepe]
Gürtelrose	**Cobrelo** [kubrelu]
Halsentzündung	**Inflamação da garganta** [ingflämässau da garganta]
Halsschmerzen	**Dores de garganta** [doresch de garganta]
Hämorrhoiden	**Hemorróidas** [emorroidäsch]
Harndrang	**Necessidade de urinar** [nessessidade de urinar]
Herzinfarkt	**Enfarte cardíaco** [engfarte kardieaku]

Herzkrankheit	**Doença do coração** [duengssa du curassau]
Hirnhautentzündung	**Meningite** [meningite]
Hirnschlag	**Apoplexia** [apoplekssia]
Hörstörung	**Problemas auditivos** [problemasch auditiwusch]
Hunger	**Fome** [fome]
Husten	**Tosse** [tosse]
Infarkt	**Enfarte** [engfarte]
Infektion	**Infecção** [ingfässau]
Insektenstich	**Picadela de insecto** [pikädela de insektu]
Ischias	**Ciática** [ssiatika]
Juckreiz	**Comichão** [komischau]
Karies	**Cárie** [karie]
Knochenbruch	**Fractura** [fratura]
Kopfschmerzen	**Dores de cabeça** [doresch de kabessa]
Krämpfe	**Convulsões** [kongwulsoisch]

Krebs	**Cancro** [kangkru]
Kreislaufstörungen	**Perturbações circulatórias** [perturgassoisch ssirkulatoriasch]
Lähmung	**Paralisia** [paralisia]
Leistenbruch	**Hérnia inguinal** [ernia ingguinal]
Leukämie	**Leucemia** [leussemia]
Lungenentzündung	**Pneumonia** [pneumonia]
Magen-Darm-Entzündung	**Inflamação dos intestinos** [ingflamassau dusch ingteschtinusch]
Menstruation	**Menstruação** [mengschtruassau]
Müdigkeit	**Cansaço** [kangssassu]
Muskelriss	**Rotura muscular** [rotura muschkular]
Nervosität	**Nervosismo** [nerwosijmu]
Nierenentzündung	**Inflamação nos rins** [ingflämässau nusch ringsch]
Ohrentzündung	**Inflamação nos ouvidos** [ingflämässau nusch ouwidusch]
Rheuma	**Reumatismo** [reumatijmu]
Rötung	**Rubefacção** [rubefassau]

Rückenschmerzen	**Dores nas costas** [doresch nasch koschtasch]
Schilddrüse	**Glândula** [glangdula]
Schlafstörung	**Insónia** [ingsonia]
Schluckbeschwerden	**Dificuldades de engolir** [difikuldadesch de engguIir]
Schmerzen	**Dores** [doresch]
Schnupfen	**Constipação** [kongschtipassau]
Schüttelfrost	**Arrepios** [arrepiusch]
Schwäche	**Fraquesa** [frakesa]
Schwangerschaft	**Gravidez** [grawidesch]
Schwindel	**Tonturas** [tongturasch]
Schwitzen	**Transpirar muito** [trangschpirar muitu]
Sehstörung	**Problemas visuais** [problemasch wisuaisch]
Sodbrennen	**Azia** [asiä]
Stechen	**Picar** [pikar]
Sterben	**Morrer** [morrer]

Stuhldrang	**Vontade de evacuar** [wontade de ewakuar]
Suizid	**Suicídio** [suisidiu]
Tetanus	**Tétano** [tetanu]
Thrombose	**Trombose** [trombose]
Tod	**A morte** [a morte]
Tuberkulose	**Tuberculose** [tuberkulose]
Tumor	**Tumor** [tumor]
Typhus	**Tifo** [tifu]
Übelkeit	**Enjoo** [engjoo]
Unfall	**Acidente** [assidengte]
Verbrennung	**Queimadura** [keimadura]
Verfärbung	**Mudança de cor** [mudangssa de kor]
Vergiftung	**Intoxicação** [ingtoxikassau]
Verletzung	**Ferida** [ferida]
Verrenkung	**Deslocação** [deschlokassau]

Verstauchung	**Torcedura** [torssedura]
Verstopfung	**Prisão de ventre** [prisau de wentre]
Wehen	**Dores de parto** [doresch de parto]
Zahnfleischentzündung	**Inflamação das gengivas** [ingflämässau dasch jengjiwasch]
Zuckerkrankheit	**Diabetes** [diabätesch]

4. Was soll der Patient (nicht) tun

(Nicht) anrufen	**Não telefone** [nau telefone]
(Nicht) aufstehen	**(Não) levantar** [(nau) lewantar]
(Nicht) ausatmen	**(Não) expirar** [(nau) eschpirar]]
(Nicht) ausspülen	**(Não) bochechar** [(nau) boscheschar]
(Nicht) ausziehen	**(Não) despir** [(nau) deschpir]
(Nicht) baden	**(Não) tomar banho** [(nau) tomar bangjo]
(Nicht) belasten	**(Não) submeter a grande esforço** [(nau) submeter a grande eschforsso]
(Nicht) bewegen	**(Não) mexer** [(nau) mescher]
(Nicht) bezahlen	**(Não) pagar** [(nau) pagar]
(Nicht) bleiben	**(Não) ficar** [(nau) fikar]
(Nicht) drehen	**(Não) virar** [(nau) wirar]
(Nicht) drücken	**(Não) apertar** [(nau) apertar]
(Nicht) einatmen	**(Não) respirar** [(nau) reschpirar]
(Nicht) einreiben	**(Não) friccionar** [(nau) frikssionar]

(Nicht) entspannen	**(Não) relaxar** [(nau) relaschar]
(Nicht) essen	**(Não) comer** [(nau) komer]
(Nicht) gehen	**(Não) andar** [(nau) andar]
(Nicht) gurgeln	**(Não) gargarejar** [(nau) gargarejar]
(Nicht) hinlegen	**(Não) deitar** [(nau) deitar]
(Nicht) hinsetzen	**(Não) sentar** [(nau) sengtar]
(Nicht) hochlagern	**(Não) pôr para cima** [(nau) por para ssima]
(Nicht) husten	**(Não) tossir** [(nau) tussir]
(Nicht) inhalieren	**(Não) inalar** [(nau) inalar]
(Nicht) kauen	**(Não) mastigar** [(nau) maschtigar]
(Nicht) kühlen	**(Não) esfriar** [(nau) eschfriar]
(Nicht) lutschen	**(Não) chupar** [(nau) schupar]
(Nicht) öffnen	**(Não) abrir** [(nau) abrir]
(Nicht) pressen	**(Não) apertar** [(nau) apertar]
(Nicht) schlucken	**(Não) engolir** [(nau) enggolir]

(Nicht) schreiben	**(Não) escrever** [(nau) eschkrewer]
(Nicht) trinken	**(Não) beber** [(nau) beber]
(Nicht) warten	**(Não) esperar** [(nau) eschperar]
(Nicht) zubeißen	**(Não) morder** [(nau) morder]
Hinaus gehen	**Sair** [sair]
Nicht rauchen	**Não fumar** [nau fumar]
Stuhlprobe	**Análise às fezes** [analise asch fäsesch]
Urinprobe	**Análise à urina** [analise a urina]
Unterschreiben	**Assinar** [assinar]
Warmhalten	**Conservar quente** [kongservar kengte]
Wiederkommen	**Voltar a vir** [woltar a wir]
Mit Dolmetscher wiederkommen	**Voltar a vir com intérprete** [woltar a wir cong interprete]

5. Ärztliche Maßnahmen

Absaugen	**Aspirar** [aschpirar]
Bestrahlung	**Radioterapia** [radioterapia]
Blutdruckmessung	**Medir a tensão** [medir a tengssau]
Blutentnahme	**Tirar sangue** [tirar ssange]
Bluttransfusion	**Transfusão de sangue** [tränsfusau de sänge]
Bohren	**Furar** [furar]
Desinfektion	**Desinfectar** [desinfätar]
EKG	**ECG/Electrocardiograma** [e-sse-ge/elätrokardiograma]
Entfernung	**Tirar** [tirar]
Heftpflaster	**Adesivo** [adesiwu]
Impfung	**Vacinação** [wassinassau]
Katheter	**Cateter** [kateter]
Krankengymnastik	**Ginástica** [jinaschtika]
Massage	**Massagens** [massajengs]

Narkose	**Narcose** [narkose]
Operation	**Operação** [operassau]
Punktion	**Punção** [punssau]
Röntgen	**Tirar uma radiografia** [tirar uma radiografia]
Ruhigstellung	**Ficar quieto** [fikar kieto]
Schienung	**Pôr uma tala** [por uma tala]
Sonographie	**Ultrasonografia** [ultrassonografia]
Spritze	**Injecção** [ingjässau]
Temperaturmessung	**Medir a temperatura** [medir a tengperatura]
Untersuchung	**Exame** [isame]
Verband	**Penso** [pengssu]
Zahnfüllung	**Obturação de dente** [obturassau de dengte]

6. Medikamente

Antibiotikum	**Antibiótico** [antibiotiko]
Drogen (im Sinne von Rauschmitteln)	**Droga** [drogä]

Infusion	**Infusão** [ingfusau]
Lutschtablette	**Rebuçado** [rebusadu]
Saft	**Xarope** [scharope]
Salbe	**Pomada** [pumada]
Schmerzmittel	**Remédios contra as dores** [remediusch kontra asch doresch]
Tablette	**Comprimidos** [komprimidusch]
Tropfen	**Pingos** [pingus]
Zäpfchen	**Supositório** [supositoriu]
Morgens	**De manhã** [de mängä]
Mittags	**Ao meio-dia** [au meiu dia]
Abends	**À noite** [a noite]
Vor dem Essen	**Antes de comer** [antesch de komer]
Nach dem Essen	**Depois de comer** [depoisch de komer]
Mit Wasser	**Com água** [kong agua]
Esslöffel	**Colher de sopa** [kuljer de sopa]

Rumänisch

1. Personalien und Abrechnungsdaten

Name	**Nume** [nume]
Vorname	**Prenume** [prenume]
Geburtsdatum	**Data naşterii** [data naschterii]
Tag/Monat/Jahr	**Zi/lună/an** [sie/una/an]
Geburtsort	**Locul naşterii** [lokul naschterii]
Angehörige	**Aparţinători** [apartzinatori]
Krankenversicherung	**Asigurare medicală** [assigurare medicalä]
Versicherungskarte	**Cartela de asigurare** [kartela de assigurare]
Arbeitgeber	**Angajator** [angaschator]
Hausarzt	**Medicul de familie** [medikul de familiä]
Ausweis	**Buletin** [buletin]
Adresse	**Adresă** [adressä]

2. Allgemeine Begriffe und Redewendungen

Guten Tag	**Bună ziua** [bunä siua]
Auf Wiedersehen	**La revedere** [la rewedere]
Gute Besserung	**Insănătoşire grabnică** [ünsänätoschire grabnikä]
Ja	**Da** [da]
Nein	**Nu** [nu]
Wo	**Unde** [unde]
Wann	**Când** [künd]
Wie	**Cum** [kum]
Wie oft	**Cât de des** [küt de des]
Krankenhaus	**Spital** [sspital]
Apotheke	**Farmacie** [farmatschiä]
Überweisung	**Virament** [wirament]
Rezept	**Reţetă** [retzetä]
Facharzt	**Medic specialist** [medik spetschialist]

Dolmetscher	**Translator** [translatohr]
Gut	**Bine** [bine]
Schlecht	**Rău** [räu]
Harmlos	**Inofensiv** [inofenßiw]
Lebensbedrohlich	**Periculos** [perikuloss]
Ansteckend	**Contagios** [kontadschioss]
Akut	**Acut** [akut]
Chronisch	**Cronic** [kronik]
Kontrolltermin	**Consultaţie** [konssultatziä]
Entlassung	**Externare** [äxtärnarä]

3. Beschwerden und Diagnosen

Abszess	**Abces** [abtschess]
Aids	**SIDA** [ssida]
Allergie	**Alergie** [alerdschiä]
Anämie	**Anemie** [anemiä]
Angina	**Angină** [andschinä]
Angst	**Frică** [frikä]
Appetitlosigkeit	**Inapetenţă** [inapetentzä]
Asthma	**Astm** [asstm]
Atemnot	**Dispnee** [disspnee]
Ausfluss	**Secretie** [sekretziä]
Ausschlag	**Erupţie** [eruptziä]
Auswurf	**Spută** [ssputä]
Bandscheibenschaden	**Discopatie** [disskopatiä]
Bauchschmerzen	**Dureri abdominale** [dureri abdominale]

Bewusstseinsstörungen	**Tulburări de cunostinţă** [tulburari de cunoschtintzä]
Blähungen	**Balonări** [balonari]
Blasenentzündung	**Cistită** [tschisstitä]
Blinddarmentzündung	**Apendicită** [apenditschitä]
Blut im Stuhl	**Sânge în scaun** [sünge ün skaun]
Blut im Urin	**Sânge în urină** [sünge ün urinä]
Bluterguss	**Hematom** [hematom]
Bluthochdruck	**Hipertensiune** [hipertenßiune]
Blutung	**Hemoragie** [hemoradschiä]
Blutvergiftung	**Septicemie** [septitschemiä]
Brennen	**Arsură** [arsurä]
Bronchitis	**Bronşită** [bronschitä]
Bruch	**Ruptură** [rupturä]
Brustschmerzen	**Dureri toracice** [dureri toratschitsche]
Darmentzündung	**Enterită** [enteritä]

Diabetes	**Diabet** [diabet]
Druck	**Presiune** [pressiune]
Durchblutungsstörung	**Tulburări circulatorii** [tulburäri tschirkulatorii]
Durchfall	**Diaree** [diaree]
Durst	**Sete** [ssete]
Eierstockentzündung	**Ovarită** [owarită]
Embolie	**Embolie** [emboliä]
Entzündung	**Inflamaţie** [inflamatziä]
Epilepsie	**Epilepsie** [äppilepsiä]
Erbrechen	**Vărsături** [wärßäturi]
Erkältung	**Răceală** [rätschealä]
Fehlgeburt	**Avort** [awórt]
Fieber	**Febră** [febrä]
Frieren	**Friguri** [friguri]
Gallenblasenentzündung	**Colecistită** [koletschisstitä]

Gallenkolik	**Colică biliară** [kolikä biliarä]
Gebärmutterentzündung	**Infecţie uterină** [infektziä uterinä]
Gehirnerschütterung	**Comoţie cerebrală** [komotziä tscherebralä]
Gelbsucht	**Icter** [ikter]
Gerinnungsstörung	**Tulburări de coagulare** [tulburäri de koagulare]
Geschlechtskrankheit	**Boală venerică** [boalä wenerikä]
Geschwür	**Ulcer** [ultscher]
Gicht	**Gută** [gutä]
Grippe	**Gripă** [gripä]
Gürtelrose	**Herpes zoster** [herpes sosster]
Halsentzündung	**Infecţie în gât** [infekziä ün güt]
Halsschmerzen	**Dureri de gât** [dureri de güt]
Hämorrhoiden	**Hemoroizi** [hemorojsi]
Harndrang	**Necesitate imperioasă de a urina** [netschessitate imperioaßä dea urina]
Herzinfarkt	**Infarct miocardic** [infarkt miokardik]

Herzkrankheit	**Afecţiune cardiacă** [afektziune kardiakä]
Hirnhautentzündung	**Meningită** [menindschitä]
Hirnschlag	**Apoplexie** [appoplexiä]
Hörstörung	**Tulburări de auz** [tulburäri de aus]
Hunger	**Foame** [foame]
Husten	**Tuse** [tuh-sse]
Infarkt	**Infarct** [infarkt]
Infektion	**Infecţie** [infektziä]
Insektenstich	**Inţepătură de insectă** [üntzepätură dä inßektä]
Ischias	**Ischemie** [isskemiä]
Juckreiz	**Prurit** [prurit]
Karies	**Carii** [karii]
Knochenbruch	**Fractură osoasă** [frakturä o-ssoa-ssä]
Kopfschmerzen	**Dureri de cap** [dureri de kap]
Krämpfe	**Spasme** [sspass-me]

Krebs	**Cancer** [kantscher]
Kreislaufstörungen	**Tulburări circulatorii** [tulburări tschirkulatori-i]
Lähmung	**Paralizie** [paralisiä]
Leistenbruch	**Hernie inghinală** [herniä inginalä]
Leukämie	**Lucemie** [le-utschemiä]
Lungenentzündung	**Pneumonie** [pne-umoniä]
Magen-Darm-Entzündung	**Gastro-enterocolită** [gastro-enterokolitä]
Menstruation	**Menstruaţie** [menstruatziä]
Müdigkeit	**Oboseală** [obosseală]
Muskelriss	**Ruptură musculară** [ruptură muskulară]
Nervosität	**Nervozitate** [nerwositate]
Nierenentzündung	**Nefrită** [nefritä]
Ohrentzündung	**Otită** [otitä]
Rheuma	**Reumatism** [re-umatism]
Rötung	**Inroşire** [ünroschire]

Rückenschmerzen	**Dureri de spate** [dureri des-pate]
Schilddrüse	**Glanda tiroidă** [glanda tiroidă]
Schlafstörung	**Insomnie** [inßomniä]
Schluckbeschwerden	**Difikultate la inghiţit** [difikultate la ingitzit]
Schmerzen	**Dureri** [dureri]
Schnupfen	**Guturai** [guturai]
Schüttelfrost	**Frison** [frisson]
Schwäche	**Astenie** [assteniä]
Schwangerschaft	**Graviditate** [grawiditate]
Schwindel	**Ameţeală** [ametzealä]
Schwitzen	**Transpiraţie** [transpiratziä]
Sehstörung	**Tulburări de vedere** [tulburäri de wedere]
Sodbrennen	**Arsuri (la stomac)** [arßuri (la sstomack)]
Stechen	**Inţepături** [üntzepäturi]
Sterben	**A muri** [a-muri]

Stuhldrang	**Necesitate imperioasă de defecaţie** [netschessitate imperioaßä de defekatziä]
Suizid	**Sinucidere** [ssinutschiderä]
Tetanus	**Tetanus** [tetanus]
Thrombose	**Tromboză** [trombosä]
Tod	**Moarte** [moarte]
Tuberkulose	**Tuberculoză** [tuberkulosä]
Tumor	**Tumoră** [tumorä]
Typhus	**Tifos** [tifoss]
Übelkeit	**Greaţă** [greatzä]
Unfall	**Accident** [aktschident]
Verbrennung	**Arsuri** [arßuri]
Verfärbung	**Schimbarea pigmentaţiei** [skimbarea pigmentatziäi]
Vergiftung	**Intoxicaţie** [intoxikatziä]
Verletzung	**Leziune** [lesiune]
Verrenkung	**Luxaţie** [luxatziä]

Verstauchung	**Distorsiune** [distorßiune]
Verstopfung	**Constipaţie** [konstipatziä]
Wehen	**Dureri de naştere** [dureri de naschtere]
Zahnfleischentzündung	**Gingivită** [dschindschivitä]
Zuckerkrankheit	**Diabet** [diabet]

4. Was soll der Patient (nicht) tun

(Nicht) anrufen	**(Nu) Sunaţi** [(nu) ssunatzi]
(Nicht) aufstehen	**(Nu) vă ridicaţi** [(nu) vä ridikatzi]
(Nicht) ausatmen	**(Nu) expiraţi** [(nu) expiratzi]
(Nicht) ausspülen	**(Nu) clătiţi** [(nu) klätitzi]
(Nicht) ausziehen	**(Nu) vă dezbrăcaţi** [(nu) vä desbräkatzi]
(Nicht) baden	**(Nu) faceţi baie** [(nu) fatschetzi baje]
(Nicht) belasten	**(Nu) forţaţi** [(nu) fortzatzi]
(Nicht) bewegen	**(Nu) mişcaţi** [(nu) mischkatzi]
(Nicht) bezahlen	**(Nu) plătiţi** [(nu) plätitzi]
(Nicht) bleiben	**(Nu) rămâneţi** [(nu) rämünetzi]
(Nicht) drehen	**(Nu) rotiţi** [(nu) rotitzi]
(Nicht) drücken	**(Nu) apăsaţi** [(nu) apässatzi]
(Nicht) einatmen	**(Nu) inspiraţi** [(nu) inspiratzi]
(Nicht) einreiben	**(Nu) fricţionaţi** [(nu) friktzionatzi]

5. Ärztliche Maßnahmen

Absaugen	**Aspiraţie** [aspiratziä]
Bestrahlung	**Radioterapie** [radioterapiä]
Blutdruckmessung	**Măsurare tensiune** [mässurare tenßiune]
Blutentnahme	**Recoltare sânge** [rekoltare sündsche]
Bluttransfusion	**Transfuzie de sânge** [transfusiä dä sündschä]
Bohren	**A găuri** [a gä-uri]
Desinfektion	**Dezinfectare** [desinfektare]
EKG	**EKG** [ekageh]
Entfernung	**Extirpare** [extirpare]
Heftpflaster	**Leocoplast** [läokoplast]
Impfung	**Vaccinare** [waktschinare]
Katheter	**Cateter** [katetär]
Krankengymnastik	**Gimnastică medicală** [dschimnastikä medikalä]
Massage	**Masaj** [massahsch]

Narkose	**Narcoză** [narkosä]
Operation	**Operaţie** [operatziä]
Punktion	**Puncţie** [punktziä]
Röntgen	**Röntgen** [röntgen]
Ruhigstellung	**Repaus** [repaus]
Schienung	**Imobilizare cu şină** [imobilisare kuh schinä]
Sonographie	**Sonografie** [sonografje]
Spritze	**Injecţie** [inschektiä]
Temperaturmessung	**Măsurare temperatură** [mässurare temperaturä]
Untersuchung	**Examinare** [examinare]
Verband	**Pansament** [panßament]
Zahnfüllung	**Plombă** [plombä]

6. Medikamente

Antibiotikum	**Antibiotic** [antibiotik]
Drogen (im Sinne von Rauschmitteln)	**Droguri** [dróguri]

2. Allgemeine Begriffe und Redewendungen

Guten Tag	**Добрый день** [dobryj djen]
Auf Wiedersehen	**До свидания** [do swidanija]
Gute Besserung	**Желаю Вам скорого выздоровления** [schelaju wam skorogo wysdorowlenija]
Ja	**Да** [da]
Nein	**Нет** [njet]
Wo	**Где** [gdje]
Wann	**Когда** [kogda]
Wie	**Как** [kak]
Wie oft	**Как часто** [kak tschasto]
Krankenhaus	**Больница** [bolniza]
Apotheke	**Аптека** [apteka]
Überweisung	**Направление** [naprawlenije]
Rezept	**Рецепт** [rezept]
Facharzt	**Врач-специалист** [wratsch-spezialist]

Dolmetscher	**Переводчик** [perewodtschik]
Gut	**Хорошо** [choroscho]
Schlecht	**Плохо** [plocho]
Harmlos	**Безвредный** [beswrednyj]
Lebensbedrohlich	**Опасный для жизни** [opasnyj dlja schisni]
Ansteckend	**Заразный** [sarasnyj]
Akut	**Острый** [ostryj]
Chronisch	**Хронический** [chronitscheskij]
Kontrolltermin	**контрольный срок** [kontrolny srok]
Entlassung	**Выписка** [wypiska]

3. Beschwerden und Diagnosen

Abszess	**Абсцесс** [abszess]
Aids	**СПИД** [SPID]
Allergie	**Аллергия** [allergija]
Anämie	**Анемия** [anemija]
Angina	**Ангина** [angina]
Angst	**Страх** [strach]
Appetitlosigkeit	**Отсутствие аппетита** [otsutstwije appetita]
Asthma	**Астма** [astma]
Atemnot	**Одышка** [odyschka]
Ausfluss	**Выделение** [vydelenije]
Ausschlag	**Сыпь** [syp]
Auswurf	**Мокрота** [mokrota]
Bandscheibenschaden	**Повреждение межпозвоночного диска** [powreschdenije meschposwonotschnogo diska]

Bauchschmerzen	**Боли в животе** [boli w schiwote]
Bewusstseinsstörungen	**Нарушение сознания** [naruschenije soznanija]
Blähungen	**Вздутие живота** [wsdutije schivota]
Blasenentzündung	**Воспаление мочевого пузыря** [wospalenije motschewogo pusyrja]
Blinddarmentzündung	**Воспаление слепой кишки** [vospalenije slepoy kischki]
Blut im Stuhl	**Кровь в кале** [krow w kale]
Blut im Urin	**Кровь в моче** [krow w motsche]
Bluterguss	**Гематома** [gematoma]
Bluthochdruck	**Повышенное кровянное давление** [povyschennoe krowjannoe dawlenije]
Blutung	**Кровотечение** [krowotetschenije]
Blutvergiftung	**Заражение крови** [saraschenije krowi]
Brennen	**Жжение** [schschenije]
Bronchitis	**Бронхит** [bronchit]
Bruch	**Перелом** [perelom]
Brustschmerzen	**Боль в груди** [bol w grudi]

Darmentzündung	**Воспаление кишечника** [wospalenije kischetschnika]
Diabetes	**Диабет** [diabet]
Druck	**Давление** [dawlenije]
Durchblutungsstörung	**Нарушение местного кровообращения** [naruschenije mestnogo krowoobrastschenija]
Durchfall	**Понос** [ponos]
Durst	**Жажда** [schaschda]
Eierstockentzündung	**Воспаление яичника** [wospalenije jaitschnika]
Embolie	**Эмболия** [embolija]
Entzündung	**Воспаление** [wospalenije]
Epilepsie	**Эпилепсия** [epilepsija]
Erbrechen	**Рвать** [rwat]
Erkältung	**Простуда** [prostuda]
Fehlgeburt	**Выкидыш** [wykidysch]
Fieber	**Высокая температура** [wysokaja temperatura]

Frieren	**Мёрзнуть** [mjorsnut]
Gallenblasenentzündung	**Воспаление жёлчного пузыря** [wospalenije scholtschnogo pusyrja]
Gallenkolik	**Жёлчные колики** [scholtschnye koliki]
Gebärmutterentzündung	**Воспаление матки** [wospalenije matki]
Gehirnerschütterung	**Сотрясение мозга** [sotrjasenije mosga]
Gelbsucht	**Желтуха** [scheltucha]
Gerinnungsstörung	**Нарушение свёртываемости крови** [naruschenije swjertywaemosti krowi]
Geschlechtskrankheit	**Венерическая болезнь** [weneritscheskaja bolesn]
Geschwür	**Язва** [jaswa]
Gicht	**Подагра** [podagra]
Grippe	**Грипп** [gripp]
Gürtelrose	**Опоясывающий лишай** [opojasywajustschij lischaj]
Halsentzündung	**Воспаление горла** [wospalenije gorla]
Halsschmerzen	**Боль в горле** [bol w gorle]
Hämorrhoiden	**Геморрой** [gemorroj]

Harndrang	**Позыв к мочеиспусканию** [posyw k motscheispuskaniju]
Herzinfarkt	**Инфаркт миокарда** [infarkt miokarda]
Herzkrankheit	**Болезнь сердца** [bolesn serdza]
Hirnhautentzündung	**Менингит** [meningit]
Hirnschlag	**Мозговой инсульт** [mosgovoj insult]
Hörstörung	**Нарушение слуха** [naruschenije slucha]
Hunger	**Голод** [golod]
Husten	**Кашель** [kaschel]
Infarkt	**Инфаркт** [infarkt]
Infektion	**Инфекция** [infekzija]
Insektenstich	**укус насекомого** [ukus nasekomogo]
Ischias	**Ишиас** [ischias]
Juckreiz	**Зуд** [sud]
Karies	**Кариес** [karies]
Knochenbruch	**Перелом кости** [perelom kostí]

Kopfschmerzen	**Головная боль** [golovnaja bol]
Krämpfe	**Судороги** [sudorogi]
Krebs	**Рак** [rak]
Kreislaufstörungen	**Нарушение кровообращения** [naruschenije krowoobrastschenija]
Lähmung	**Паралич** [paralitsch]
Leistenbruch	**Паховая грыжа** [pachovaja gryscha]
Leukämie	**Лейкемия** [lejkemija]
Lungenentzündung	**Воспаление легких** [wospalenije ljogkich]
Magen-Darm-Entzündung	**Гастроэнтерит** [gastroenterit]
Menstruation	**Менструация** [menstruazija]
Müdigkeit	**Усталость** [ustalost]
Muskelriss	**Разрыв мышц** [rasryw myschz]
Nervosität	**Нервозность** [nerwosnost]
Nierenentzündung	**Воспаление почек** [vospalenije potschek]
Ohrentzündung	**Воспаление уха** [vospalenije ucha]

Rheuma	**Ревматизм** [rewmatism]
Rötung	**Покраснение** [pokrasnenije]
Rückenschmerzen	**Боль в спине** [bol w spine]
Schilddrüse	**Щитовидная железа** [stschitovidnaja schelesa]
Schlafstörung	**Расстройство сна** [rasstrojstvo sna]
Schluckbeschwerden	**Трудности при глотании** [trudnosti pri glotanii]
Schmerzen	**Боли** [boli]
Schnupfen	**Насморк** [nasmork]
Schüttelfrost	**Озноб** [osnob]
Schwäche	**Слабость** [slabost]
Schwangerschaft	**Берсменность** [beremennost]
Schwindel	**Головокружение** [golowokruschenije]
Schwitzen	**Потеть** [potet]
Sehstörung	**Нарушение зрения** [naruschenije srenija]
Sodbrennen	**Изжога** [Iszhoga]

Stechen	**Колющая боль** [koljustschaja bol]
Sterben	**Умирать** [umirat]
Stuhldrang	**Позыв к стулу** [posyw k stulu]
Suizid	**Самоубийство** [samoubijstwo]
Tetanus	**Столбняк** [stolbnjak]
Thrombose	**Тромбоз** [tromboz]
Tod	**Смерть** [smert]
Tuberkulose	**Туберкулёз** [tuberkuljos]
Tumor	**Опухоль** [opuchol]
Typhus	**Тиф** [tif]
Übelkeit	**Тошнота** [toschnota]
Unfall	**Несчастный случай** [nestschastnyj slutschaj]
Verbrennung	**Ожог** [oschog]
Verfärbung	**Изменение окраски** [ismenenije okraski]
Vergiftung	**Отравление** [otrawlenije]

Verletzung	**Повреждение** [powreschdenije]
Verrenkung	**Вывих** [wywich]
Verstauchung	**Растяжение** [rastjaschenije]
Verstopfung	**Запор** [sapor]
Wehen	**Родовые схватки** [rodovye schvatki]
Zahnfleischentzündung	**Воспаление дёсен** [wospalenije djosen]
Zuckerkrankheit	**Сахарная болезнь** [sacharnaja bolesn]

4. Was soll der Patient (nicht) tun

(Nicht) anrufen	**(не) звонить** [(ne) zwonit]
(Nicht) aufstehen	**(Не) вставать** [ne) wstawat]
(Nicht) ausatmen	**(Не) выдыхать** [ne) wydychat]
(Nicht) ausspülen	**(Не) прополаскивать** [(ne) propolaskiwat]
(Nicht) ausziehen	**(Не) раздеваться** [(ne) rasdewatsja]
(Nicht) baden	**(Не) купаться** [(ne) kupatsja]
(Nicht) belasten	**(Не) перегружать** [ne) peregruschat]
(Nicht) bewegen	**(Не) двигаться** [(ne) dwigatsja]
(Nicht) bezahlen	**(Не) платить** [(ne) platit]
(Nicht) bleiben	**(Не) оставаться** [(ne) ostawatsja]
(Nicht) drehen	**(Не) поворачиваться** [(ne) poworatschiwatsja]
(Nicht) drücken	**(Не) давить** [(ne) dawit]
(Nicht) einatmen	**(Не) вдыхать** [(ne) wdychat]
(Nicht) einreiben	**(Не) втирать** [(ne) wtirat]

(Nicht) entspannen	**(Не) расслабляться** [(ne) raslabljatsja]
(Nicht) essen	**(Не) есть** [(ne) est]
(Nicht) gehen	**(Не) ходить** [(ne) chodit]
(Nicht) gurgeln	**(Не) полоскать горло** [(ne) poloskat gorlo]
(Nicht) hinlegen	**(Не) ложиться** [(ne) loschitsja]
(Nicht) hinsetzen	**(Не) садиться** [(ne) saditsja]
(Nicht) hochlagern	**(Не) высоко поднять** [(ne) wysoko podnjat]
(Nicht) husten	**(Не) кашлять** [(ne) kaschljat]
(Nicht) inhalieren	**(Не) ингалировать** [(ne) ingalirowat]
(Nicht) kauen	**(Не) жевать** [(ne) schewat]
(Nicht) kühlen	**(Не) охлаждать** [(ne) ochlaschdat]
(Nicht) lutschen	**(Не) сосать** [(ne) sosat]
(Nicht) öffnen	**(Не) открывать** [(ne) otkrywat]
(Nicht) pressen	**(Не) жать** [(ne) schat]
(Nicht) schlucken	**(Не) глотать** [(ne) glotat]

(Nicht) schreiben	**(Не) писать** [(ne) pisat]
(Nicht) trinken	**(Не) пить** [(ne) pit]
(Nicht) warten	**(Не) ждать** [(ne) schdat]
(Nicht) zubeißen	**(Не) прикусить зубами** [(ne) prikusit subami]
Hinaus gehen	**Выходить** [wychodit]
Nicht rauchen	**Не курить** [ne kurit]
Stuhlprobe	**Анализ кала** [analis kala]
Urinprobe	**Анализ мочи** [analis motschi]
Unterschreiben	**Подписывать** [podpisywat]
Warmhalten	**Сохранять в тёплом состоянии** [sochranjat v tjoplom sostojanii]
Wiederkommen	**Придти ещё раз** [pridti estschjo ras]
Mit Dolmetscher wiederkommen	**Придти в другой раз с переводчиком** [pridti v drugoj ras s perewodtschikom]

5. Ärztliche Maßnahmen

Absaugen	**Отсасывать** [otsasywat]
Bestrahlung	**Облучение** [oblutschenije]
Blutdruckmessung	**Измерение давления** [ismerenije dawlenija]
Blutentnahme	**Взятие крови** [wsjatie krowi]
Bluttransfusion	**переливание крови** [perelivanije krowi]
Bohren	**Сверлить** [swerlit]
Desinfektion	**Дезинфекция** [desinfekzija]
EKG	**Электрокардиограмма** [elektrokardiogramma]
Entfernung	**Удаление** [udalenije]
Heftpflaster	**Лейкопластырь** [lejkoplastyr]
Impfung	**Прививка** [prowiwka]
Katheter	**Катетер** [kateter]
Krankengymnastik	**Лечебная гимнастика** [letschebnaja gimnastika]
Massage	**Массаж** [massasch]

Narkose	**Наркоз** [narkos]
Operation	**Операция** [operazija]
Punktion	**Пункция** [puktzija]
Röntgen	**Рентгеновский снимок** [rentgenowskij snimok]
Ruhigstellung	**Фиксировать** [fiksirowat]]
Schienung	**Накладывать шину** [nakladywat schynu]
Sonographie	**Ультразвук** [ultraswuk]
Spritze	**Укол** [ukol]
Temperaturmessung	**Измерение температуры** [ismerenije temperatury]
Untersuchung	**Обследование** [obsledowanije]
Verband	**Повязка** [powjaska]
Zahnfüllung	**Зубная пломба** [subnaja plomba]

6. Medikamente

Antibiotikum	**Антибиотик** [antibiotik]
Drogen (im Sinne von Rauschmitteln)	**Наркотики** [narkotiki]

Infusion	**Вливание** [wliwanije]
Lutschtablette	**таблетка для сосания** [tabletka dlja sosanija]
Saft	**Сок** [sok]
Salbe	**Мазь** [mas]
Schmerzmittel	**Средство** [boleutoljajustschee srestwo]
Tablette	**Таблетка** [tabletka]
Tropfen	**Капли** [kapli]
Zäpfchen	**Свечка** [swetschka]
Morgens	**Утром** [utrom]
Mittags	**В полдень** [w polden]
Abends	**Вечером** [wetscherom]
Vor dem Essen	**Перед едой** [pered edoj]
Nach dem Essen	**После еды** [posle edy]
Mit Wasser	**С водой** [s wodoj]
Esslöffel	**Столовая ложка** [stolowaja loschka]

Slowakisch

1. Personalien und Abrechnungsdaten

Name	**Priezvisko** [prijes-wisko]
Vorname	**Meno** [mäno]
Geburtsdatum	**Dátum narodenia** [dahtum narod-jenija]
Tag/Monat/Jahr	**Deň/mesiac/rok** [djenj/mäsijaz/rok]
Geburtsort	**Miesto narodenia** [mijesto narod-jenija]
Angehörige	**Príbuzní** [prihbuhsnih]
Krankenversicherung	**Zdravotné poistenie** [sdrawottnä po-istjenije]
Versicherungskarte	**Preukaz poistenca** [prä-ukas po-istjänza]
Arbeitgeber	**Zamestnávateľ** [samästnahwatjel]
Hausarzt	**Praktický lekár** [praktitzkih läkahr]
Ausweis	**Preukaz** [prä-ukas]
Adresse	**Adresa** [adressa]

2. Allgemeine Begriffe und Redewendungen

Guten Tag	**Dobrý deň** [dobrih djennj]
Auf Wiedersehen	**Do videnia** [do widjenija]
Gute Besserung	**Rýchle uzdravenie** [richle usdrawenije]
Ja	**Áno** [ahno]
Nein	**Nie** [nje]
Wo	**Kde** [kdje]
Wann	**Kedy** [kädi]
Wie	**Ako** [akko]
Wie oft	**Ako často** [akko tschasto]
Krankenhaus	**Nemocnica** [njemotznitza]
Apotheke	**Lekáreň** [läkahrennj]
Überweisung	**Poukázanie** [poukahsanije]
Rezept	**Recept** [räzept]
Facharzt	**Odborný lekár** [odbornih läkahr]

Dolmetscher	**Tlmočník** [tlmottschnjihk]
Gut	**Dobre** [dobrä]
Schlecht	**Zle** [slä]
Harmlos	**Neškodný** [näschkodnih]
Lebensbedrohlich	**Život ohrozujúci** [schwott ohrosujuhtzi]
Ansteckend	**Nákazlivý** [nah-kaslivih]
Akut	**Akútny** [akuhtni]
Chronisch	**Chronický** [chronitzki]
Kontrolltermin	**Dátum kontroly** [dahtum kontroli]
Entlassung	**Prepustenie** [prepustenije]

3. Beschwerden und Diagnosen

Abszess	**Absces** [abszess]
Aids	**Aids** [a-ids]
Allergie	**Alergia** [allergija]
Anämie	**Anémia** [anähmija]
Angina	**Angína** [angina]
Angst	**Strach** [sstrach]
Appetitlosigkeit	**Nechutenstvo** [njechu-djennstwo]
Asthma	**Astma** [astma]
Atemnot	**Záduch** [sahduch]
Ausfluss	**Výtok** [wihtok]
Ausschlag	**Vyrážky** [wirahschki]
Auswurf	**Hlien** [Lijenn]
Bandscheibenschaden	**Poškodenie medzistavcových platničiek** [poschkodjenje mädsistautzo-wiech plattnietschijeck]

Bauchschmerzen	**Bolesti brucha** [bollestji brucha]
Bewusstseinsstörungen	**Poruchy vedomia** [porutchi wädomija]
Blähungen	**Plynatosť** [plih-natostch]
Blasenentzündung	**Zápal močového mechúra** [sahpal mottschowäho mächuhra]
Blinddarmentzündung	**Zápal slepého čreva** [sahpal ssläpäho tschräwa]
Blut im Stuhl	**Krv v stolici** [kriff f-sstollitzi]
Blut im Urin	**Krv v moči** [kriff f-mottschi]
Bluterguss	**Výron krvi** [wihron kr-wi]
Bluthochdruck	**Vysoký krvný tlak** [wissoki kriff-nih tlak]
Blutung	**Krvácanie** [kr-wah-tzanije]
Blutvergiftung	**Otrava krvi** [ottrawa kr-wi]
Brennen	**Pálenie** [pahlehnije]
Bronchitis	**Bronchitída** [bronchitihda]
Bruch	**Prietrž** [prje-trisch]
Brustschmerzen	**Bolesti v prsiach** [bollestji f-pr-sjach]

Darmentzündung	**Zápal čreva** [sahpal tschräwa]
Diabetes	**Diabetes** [diabetes]
Druck	**Tlak** [tlack]
Durchblutungsstörung	**Porucha prekrvenia** [porucha präkre-wenija]
Durchfall	**Hnačka** [natschka]
Durst	**Smäd** [ssmähd]
Eierstockentzündung	**Zápal vaječníkov** [sahpal wajetschniekoff]
Embolie	**Embólia** [embolija]
Entzündung	**Zápal** [sahpal]
Epilepsie	**Epilepsia** [epilepsija]
Erbrechen	**Zvracanie** [swra-tzanije]
Erkältung	**Prechladnutie** [prächlatt-nutje]
Fehlgeburt	**Potrat** [potrat]
Fieber	**Horúčka** [horruhtsch-ka]
Frieren	**Mrznúť** [mres-nuhtch]

Gallenblasenentzündung	**Zápal žlčníka** [sahpal schletschnih-ka]
Gallenkolik	**Žlčníková kolika** [schletschnih-kowa kolika]
Gebärmutterentzündung	**Zápal maternice** [sahpal maternitze]
Gehirnerschütterung	**Otras mozgu** [ottras mosgu]
Gelbsucht	**Žltačka** [schletatsch-ka]
Gerinnungsstörung	**Porucha zrážanlivosti** [porucha srah-schanli-wosti]
Geschlechtskrankheit	**Pohlavná choroba** [pohlaunah chorroba]
Geschwür	**Vred** [wräd]
Gicht	**Dna** [dna]
Grippe	**Chrípka** [chrihpka]
Gürtelrose	**Pásový opar** [pah-ssowih oppar]
Halsentzündung	**Zápal hrdla** [sahpal rid-la]
Halsschmerzen	**Bolesti hrdla** [bollestji rid-la]
Harndrang	**Nutkanie na močenie** [nuttkanije na mottschenije]
Hämorrhoiden	**Hemoroidy** [hämoro-idi]

Herzinfarkt	**Srdcový infarkt** [ssrid-zowi infarkt]
Herzkrankheit	**Srdcová choroba** [ssrid-zowah chorroba]
Hirnhautentzündung	**Zápal mozgových blán** [sahpal mosgowihch blahn]
Hirnschlag	**Mozgová porážka** [mosgowah porahschka]
Hörstörung	**Porucha sluchu** [porucha sluchu]
Hunger	**Hlad** [hlad]
Husten	**Kašeľ** [kahschel]
Infarkt	**Infarkt** [infarkt]
Infektion	**Infekcia** [infektzija]
Insektenstich	**Bodnutie hmyzom** [bodnutije hmisom]
Ischias	**Ischias** [ischias]
Juckreiz	**Svrbenie** [sswre-benje]
Karies	**Zubný kaz** [subnih kass]
Knochenbruch	**Zlomenina** [slomennina]
Kopfschmerzen	**Bolesti hlavy** [bollestji lahwi]

Krämpfe	**Kŕče** [krit-sche]
Krebs	**Rakovina** [rakkowina]
Kreislaufstörungen	**Poruchy krvného obehu** [poruchi kriw-näho obähu]
Lähmung	**Ochrnutie** [och-nutje]
Leistenbruch	**Slabinová prietrž** [sslabinnowah prijeht-resch]
Leukämie	**Leukémia** [lä-ukämija]
Lungenentzündung	**Zápal pľúc** [sahpal pl-juhtz]
Magen-Darm-Entzündung	**Zápal žalúdka a čriev** [sahpal schaluhd-ka a-tschri-jeff]
Menstruation	**Menštruácia** [menschtruatzja]
Müdigkeit	**Únava** [uhnawa]
Muskelriss	**Roztrhnutie svalu** [rostre-nutije sswalu]
Nervosität	**Nervozita** [nerwosita]
Nierenentzündung	**Zápal obličiek** [sahpal oblitschiek]
Ohrentzündung	**Zápal ucha** [sahpal ucha]
Rheuma	**Reuma** [rä-uma]

Rötung	**Začervenanie** [satscher-wenannje]
Rückenschmerzen	**Bolesti chrbta** [bollestji reb-ta]
Schilddrüse	**Štítna žľaza** [schtjiht-na scheljasa]
Schlafstörung	**Poruchy spánku** [poruchi sspahn-ku]
Schluckbeschwerden	**Ťažkosti pri hltaní** [tjaschkostji prihl-tanji]
Schmerzen	**Bolesti** [bollestji]
Schnupfen	**Nádcha** [nahdcha]
Schüttelfrost	**Zimnica** [simnitza]
Schwäche	**Slabosť** [sslabostch]
Schwangerschaft	**Tehotenstvo** [tjehotjennstwo]
Schwindel	**Závrat** [sahwrat]
Schwitzen	**Potenie** [potjenije]
Sehstörung	**Porucha zraku** [porucha sra-ku]
Sodbrennen	**Pálenie záhy** [pahlenije sahi]
Stechen	**Pichanie** [pichanije]

Sterben	**Zomrieť** [sommri-jetch]
Stuhldrang	**Nutkanie na stolicu** [nutkanje nasstollit-zu]
Suizid	**Samovražda** [samowraschda]
Tetanus	**Tetanus** [tätanuss]
Thrombose	**Trombóza** [trombohsa]
Tod	**Smrť** [sm-ritch]
Tuberkulose	**Tuberkulóza** [tuberkulosa]
Tumor	**Tumor** [tumor]
Typhus	**Týfus** [tifus]
Übelkeit	**Nevoľnosť** [nje-woll-nostch]
Unfall	**Úraz** [uhras]
Verbrennung	**Popálenina** [popahlennina]
Verfärbung	**Sfarbenie** [s-farbenje]
Vergiftung	**Otrava** [ottrawa]
Verletzung	**Poranenie** [po-rannjenije]

Verrenkung	**Vykĺbenie** [wickl-benije]
Verstauchung	**Podvrtnutie** [pottfred-nutje]
Verstopfung	**Zápcha** [sahp-cha]
Wehen	**Pôrodné bolesti** [puorottnä bollestji]
Zahnfleischentzündung	**Zápal ďasien** [sahpal djasijen]
Zuckerkrankheit	**Cukrovka** [zukroffka]

4. Was soll der Patient (nicht) tun

(Nicht) anrufen	**(Ne) zavolať** [(ne) zawolatj]
(Nicht) aufstehen	**(Ne) vstať** [(nje-) f-statch]
(Nicht) ausatmen	**(Ne) vydýchnuť** [(nje-) wiedihch-nutch]
(Nicht) ausspülen	**(Ne) vypláchnuť** [(nje-) wieplahch-nutch]
(Nicht) ausziehen	**(Ne) vytiahnuť** [(nje-) witijah-nutch]
(Nicht) baden	**(Ne) kúpať sa** [(nje-) kuhpatch-ssa]
(Nicht) belasten	**(Ne) zaťažovať** [(nje-) sadja-schowatch]
(Nicht) bewegen	**(Ne) pohybovať** [(nje-) pohibo-vatch]
(Nicht) bezahlen	**(Ne) zaplatiť** [(nje-) sapplatitch]
(Nicht) bleiben	**(Ne) ostať** [(nje-) osstatsch]
(Nicht) drehen	**(Ne) otáčať** [(nje-) ottah-tschatch]
(Nicht) drücken	**(Ne) tlačiť** [(nje-) tla-tschitch]
(Nicht) einatmen	**(Ne) vdýchnuť** [(nje-) wdiech-nutch]
(Nicht) einreiben	**(Ne) votrieť** [(nje-) wottri-jetch]

(Nicht) entspannen	**(Ne) uvoľniť** [(nje-) uwoll-nitch]
(Nicht) essen	**(Ne) jesť** [(nje-) jesstch]
(Nicht) gehen	**(Ne) chodiť** [(nje-) cho-ditch]
(Nicht) gurgeln	**(Ne) kloktať** [(nje-) klok-tatch]
(Nicht) hinlegen	**(Ne) ľahnúť si** [(nje-) liach-nuhtch ssi]
(Nicht) hinsetzen	**(Ne) sadnúť si** [(nje-) sad-nuhtch ssi]
(Nicht) hochlagern	**(Ne) vykladať hore** [(nje-) wikladatch horre]
(Nicht) husten	**(Ne) kašľať** [(nje-) kaschliatch]
(Nicht) inhalieren	**(Ne) inhalovať** [(nje-) inhalowatch]
(Nicht) kauen	**(Ne) žuť** [(nje-) schutch]
(Nicht) kühlen	**(Ne) chladiť** [(nje-) chladitch]
(Nicht) lutschen	**(Ne) cmúľať** [(nje-) zmuhljatch]
(Nicht) öffnen	**(Ne) otvárať** [(nje-) ottwahratch]
(Nicht) pressen	**(Ne) tlačiť** [(nje-) tlatschitch]
(Nicht) schlucken	**(Ne) hltať** [(nje-) hltatch]

(Nicht) schreiben	**(Ne) písať** [(nje-) pihssatch]
(Nicht) trinken	**(Ne) piť** [(nje-) pitch]
(Nicht) warten	**(Ne) čakať** [(nje-) tschakatch]
(Nicht) zubeißen	**(Ne) prihryznúť** [(nje-) priris-nuhtch]
Hinaus gehen	**Vychádzať von** [wichahd-satch wonn]
Nicht rauchen	**Ne fajčiť** [nje- fasch-tschitch]
Stuhlprobe	**Vzorka stolice** [w-sorka sstollitze]
Urinprobe	**Vzorka moču** [w-zorka mottschu]
Unterschreiben	**Podpísať** [pottpih-ssatch]
Warmhalten	**Držať v teple** [dr-schatch fitjähple]
Wiederkommen	**Opäť prísť** [oppätch prihs-tch]
Mit Dolmetscher wiederkommen	**Vrátiť sa s tlmočníkom** [wrahtjitch ssass-tlmottschnihkom]

5. Ärztliche Maßnahmen

Absaugen	**Odsávanie** [ottsahwanje]
Bestrahlung	**Ožarovanie** [oscharowanje]
Blutdruckmessung	**Meranie krvného tlaku** [märanije kriffnäho tla-ku]
Blutentnahme	**Odber krvi** [ottbär kr-wi]
Bluttransfusion	**Transfúzia krvi** [transfuhsia krwi]
Bohren	**Vŕtanie** [wr-tanije]
Desinfektion	**Dezinfikovanie** [desinfikowanije]
EKG	**EKG** [äkagä]
Entfernung	**Odstránenie** [ottsstrann-jenije]
Heftpflaster	**Náplasť** [nahplastj]
Impfung	**Očkovanie** [ottschkowanije]
Katheter	**Katéter** [katäter]
Krankengymnastik	**Liečebná gymnastika** [lietschebnah gimnastika]
Massage	**Masáž** [massahsch]

Narkose	**Narkóza** [narkosa]
Operation	**Operácia** [opperahtzija]
Punktion	**Punkcia** [punktzija]
Röntgen	**Röntgen** [räntgen]
Ruhigstellung	**Znehybnenie** [snjehib-njenije]
Schienung	**Dlahovanie** [dlahowanije]
Sonographie	**Sonografia** [ssonografija]
Spritze	**Injekcia** [injektzija]
Temperaturmessung	**Meranie teploty** [märanije tjäplotti]
Untersuchung	**Vyšetrenie** [wische-trenije]
Verband	**Obväz** [obwäs]
Zahnfüllung	**Zubná výplň** [subnah wihplenj]

6. Medikamente

Antibiotikum	**Antibiotikum** [antibiotikum]
Drogen (im Sinne von Rauschmitteln)	**Drogy** [drogi]

Infusion	**Infúzia** [infuhsia]
Lutschtablette	**Tabletky na cmúľanie** [tabletki na zmuhljanije]
Saft	**Sirup** [ssirup]
Salbe	**Masť** [mastch]
Schmerzmittel	**Liek utišujúci bolesti** [lijek utischu-juhtzi bollestji]
Tablette	**Tableta** [tabletta]
Tropfen	**Kvapky** [kwappki]
Zäpfchen	**Čapíky** [tschapihki]
Morgens	**Ráno** [rahno]
Mittags	**Na poludnie** [na poludnije]
Abends	**Večer** [wätscher]
Vor dem Essen	**Pred jedlom** [präd jädlom]
Nach dem Essen	**Po jedle** [po jädle]
Mit Wasser	**S vodou** [swodo-u]
Esslöffel	**Polievková lyžica** [pollijefkowah lischitza]

Spanisch

1. Personalien und Abrechnungsdaten

Name	**Apellido** [appeyido]
Vorname	**Nombre** [nombrä]
Geburtsdatum	**Fecha de nacimiento** [fetscha de nassimjiento]
Tag/Monat/Jahr	**Día/mes/año** [dia/mess/anjo]
Geburtsort	**Lugar de nacimiento** [lugar de nassimjiento]
Angehörige	**Parientes** [parijentes]
Krankenversicherung	**Seguro de enfermedad** [sseguro de enfermedad]
Versicherungskarte	**Tarjeta de la seguridad social** [tarchäta de la sseguridad sosial]
Arbeitgeber	**Empresario** [empressario]
Hausarzt	**Médico de cabecera** [mähdiko de kabässera]
Ausweis	**Carné de Identidad** [karne de identidad]
Adresse	**Dirección** [direxion]

2. Allgemeine Begriffe und Redewendungen

Guten Tag	**Buenos días** [bwenos dias]
Auf Wiedersehen	**Hasta luego, adiós** [asta luego, adjos]
Gute Besserung	**Que se mejore** [ke se mechore]
Ja	**Si** [si]
Nein	**No** [no]
Wo	**Dónde** [dondä]
Wann	**Cuándo** [kwando]
Wie	**Cómo** [komo]
Wie oft	**Cuántas veces** [kwantas wesses]
Krankenhaus	**Hospital** [ospitall]
Apotheke	**Farmacia** [farmassia]
Überweisung	**Transferir al especialista** [tranfärier all espessialista]
Rezept	**Receta** [resseta]
Facharzt	**Especialista** [espessialista]

Dolmetscher	**Intérprete** [interprete]
Gut	**Bien** [bjien]
Schlecht	**Mal** [mall]
Harmlos	**Leve** [lewe]
Lebensbedrohlich	**Grave** [grawe]
Ansteckend	**Contagioso** [kontachiosso]
Akut	**Agudo** [agudo]
Chronisch	**Crónico** [kronniko]
Kontrolltermin	**Fecha de chequeo** [fetscha de tschekeo]
Entlassung	**Alta** [alta]

3. Beschwerden und Diagnosen

Abszess	**Absceso** [abssesso]
Aids	**SIDA** [ssida]
Allergie	**Alergia** [alerchia]
Anämie	**Anemia** [anämia]
Angina	**Angina** [anchina]
Angst	**Miedo** [mjiedo]
Appetitlosigkeit (Appetitverlust)	**Pérdida de apetito** [perdida de appetito]
Asthma	**Asma** [assma]
Atemnot	**falta de aire** [falta de eirä]
Ausfluss	**Flujo** [flucho]
Ausschlag	**Erupción cutánea** [erupxion cutanea]
Auswurf	**Esputo** [essputo]
Bandscheibenschaden	**Hernia discal** [ernia diskall]
Bauchschmerzen	**Dolor de vientre** [dolor de wijentre]

Bewusstseinsstörungen	**Pérdida del conocimiento** [perdida del konossimiento]
Blähungen	**Flatulencia** [flatulänssia]
Blasenentzündung	**Cistitis** [ssistitis]
Blinddarmentzündung	**Apendicitis** [appendissitis]
Blut im Stuhl	**Heces con sangre** [esses kon ssangrä]
Blut im Urin	**Orina con sangre** [orina kon sangrä]
Bluterguss	**Derrame sanguíneo** [derame ssangineo]
Bluthochdruck	**Tensión alta** [tenssion alta]
Blutung	**Hemorragia** [emorachia]
Blutvergiftung	**Intoxicación de la sangre** [intoksikassion de la sangrä]
Brennen	**Escocer** [eskosser]
Bronchitis	**Bronquitis** [bronkitis]
Bruch	**Hernia** [ernia]
Brustschmerzen	**Dolor pectoral** [dolor päktoral]
Darmentzündung	**Infección intestinal** [infexion intestinal]

Diabetes	**Diabetes** [diabetes]
Druck	**Tensión** [tenssion]
Durchblutungsstörung	**Trastorno circulatorio** [trasstorno ssirkulatorio]
Durchfall	**Diarrea** [diarea]
Durst	**Sed** [säd]
Eierstockentzündung	**Infección de los ovarios** [infexion de los owarios]
Embolie	**Embolia** [embolia]
Entzündung	**Inflamación/infección** [inflamassion/infexion]
Epilepsie	**Epilepsia** [epileppsia]
Erbrechen	**Vomitar** [womitar]
Erkältung	**Resfriado** [rresfriado]
Fehlgeburt	**Aborto/mal parto** [aborto/mal parto]
Fieber	**Fiebre** [fjebre]
Frieren	**Tener frio** [tener-frio]
Gallenblasenentzündung	**Colecistitis** [kolessistitis]

Gallenkolik	**Cólico hepático** [kolliko epatico]
Gebärmutterentzündung	**Infección del utero** [infexion del utero]
Gehirnerschütterung	**Conmoción cerebral** [konmossion sserebrall]
Gelbsucht	**Ictericia** [ikterissia]
Gerinnungsstörung	**Trastorno de coagulación** [trastorno de koagulassion]
Geschlechtskrankheit	**Enfermedad venérea** [enfermedad venerea]
Geschwür	**Úlcera** [ullzera]
Gicht	**Gota** [gotta]
Grippe	**Gripe** [gripe]
Gürtelrose	**Herpes zoster** [erpes zoster]
Halsentzündung	**Inflamación de la garganta** [inflamassion de la garganta]
Halsschmerzen	**Dolor de garganta** [dolor de garganta]
Hämorrhoiden	**Hemorroides** [emoroides]
Harndrang	**Ganas de orinar** [ganas de orinar]
Herzinfarkt	**Infarto de miocardio** [infarto de miocardio]

Herzkrankheit	**Afección cardíaca** [afexion kardiaka]
Hirnhautentzündung	**Meningitis** [meninchitis]
Hirnschlag	**Apoplejia** [apoplechia]
Hörstörung	**Trastorno de oido** [trastorno de oido]
Hunger	**Hambre** [hambrä]
Husten	**Tos** [tos]
Infarkt	**Infarto** [infarto]
Infektion	**Infección** [infexion]
Insektenstich	**Picadura de insecto** [pikadura de inssekto
Ischias	**Ciática** [ssiatika]
Juckreiz	**Picor** [pikor]
Karies	**Caries dental** [karies dental]
Knochenbruch	**Fractura** [fracktura]
Kopfschmerzen	**Dolor de cabeza** [dolor de kawessa]
Krämpfe	**Convulsiones** [konwulssiones]

Krebs	**Cáncer** [kanzer]
Kreislaufstörungen	**Trastorno circulatorio** [trastorno ssirkulatorio]
Lähmung	**Parálisis** [parralissis]
Leistenbruch	**Hernia inguinal** [ernia inginal]
Leukämie	**Leucemia** [leussemia]
Lungenentzündung	**Pulmonía** [pulmonia]
Magen-Darm-Entzündung	**Gastroenteritis** [gastroenteritis]
Menstruation	**Menstruación** [menstruassion]
Müdigkeit	**Cansancio** [kansantsio]
Muskelriss	**Distensión muscular** [distenssion muscular]
Nervosität	**Nerviosismo** [nerwiosismo]
Nierenentzündung	**Nefritis** [nefritis]
Ohrentzündung	**Otitis** [otitis]
Rheuma	**Reuma** [reuma]
Rötung	**Eritema cutáneo** [eritema kutaneo]

Rückenschmerzen	**Dolor de espalda** [dolor de espalda]
Schilddrüse	**Glándula tiroides** [glandula tiroides]
Schlafstörung	**Trastorno del sueño** [trastorno del suenjo]
Schluckbeschwerden	**Dificultad para tragar** [difikultad para tragar]
Schmerzen	**Dolor** [dolor]
Schnupfen	**Resfriado nasal** [rresfriado nassal]
Schüttelfrost	**Escalofrios** [eskalofrios]
Schwäche	**Debilidad** [dewilidad]
Schwangerschaft	**Embarazo** [embarasso]
Schwindel	**Mareo** [mareo]
Schwitzen	**Sudar** [ssudar]
Sehstörung	**Trastorno visual** [trastorno wissual]
Sodbrennen	**Ardor de estómago** [ardor de esstómago]
Stechen	**Punzar** [puntsar]
Sterben	**Morir** [morir]

Stuhldrang	**Ganas de defecar** [ganas de defäkar]
Suizid	**Suicidio** [suissidio]
Tetanus	**Tétano** [tetano]
Thrombose	**Trombosis** [trommbossis]
Tod	**Muerte** [muärte]
Tuberkulose	**Tuberculosis** [tuberkulossis]
Tumor	**Tumor** [tumor]
Typhus	**Tífus** [tifus]
Übelkeit	**Náusea** [naussea]
Unfall	**Accidente** [axidente]
Verbrennung	**Quemadura** [kemadura]
Verfärbung	**Cambio de color** [kambio de kolor]
Vergiftung	**Envenenamiento** [enwenenamjiento]
Verletzung	**Herida** [erida]
Verrenkung	**Dislocación** [dislokassion]

(Nicht) entspannen	**(No) relajar** [(no) rrelachar]
(Nicht) essen	**(No) comer** [(no) komer]
(Nicht) gehen	**(No) andar** [(no) andar]
(Nicht) gurgeln	**(No) hacer gárgaras** [(no) asser gargaras]
(Nicht) hinlegen	**(No) acostarse** [(no) akostarsse]
(Nicht) hinsetzen	**(No) sentarse** [(no) ssentarsse]
(Nicht) hochlagern	**(No) poner en alto** [(no) poner en alto]
(Nicht) husten	**(No) toser** [(no) tosser]
(Nicht) inhalieren	**(No) inhalar** [(no) inalar]
(Nicht) kauen	**(No) masticar** [(no) mastikar]
(Nicht) kühlen	**(No) refrescar** [(no) rrefreskar]
(Nicht) lutschen	**(No) chupar** [(no) tschupar]
(Nicht) öffnen	**(No) abrir** [(no) awrir]
(Nicht) pressen	**(No) apretar** [(no) apretar]
(Nicht) schlucken	**(No) tragar** [(no) tragar]

(Nicht) schreiben	**(No) escribir** [(no) escriwir]
(Nicht) trinken	**(No) beber** [(no) wewer]
(Nicht) warten	**(No) esperar** [(no) esperar]
(Nicht) zubeißen	**(No) morder** [(no) morder]
Hinaus gehen	**Salir** [salir]
Nicht rauchen	**No fumar** [fumar]
Stuhlprobe	**Muestra de defecación** [muästra de defekassion]
Urinprobe	**Muestra de orina** [muästra de orina]
Unterschreiben	**Firmar** [firmar]
Warmhalten	**Mantenerse caliente** [mantenersse kaliente]
Wiederkommen	**Volver** [wolwer]
Mit Dolmetscher wiederkommen	**Volver con un intérprete** [wolwer kon un interprete]

5. Ärztliche Maßnahmen

Absaugen	**Vaciar por succión** [wassiar por suxion]
Bestrahlung	**Irradiación** [irradiassion]
Blutdruckmessung	**Tomar la tensión arterial** [tomar la tenssion arterial]
Blutentnahme	**Análisis de sangre** [analisis de ssangrä]
Bluttransfusion	**Transfusión** [transfussion]
Bohren	**Taladrar** [taladrar]
Desinfektion	**Desinfección** [desinfexion]
EKG	**Electrocardiograma** [elektrokardiograma]
Entfernung	**Quitar** [kitar]
Heftpflaster	**Emplasto adhesivo** [emmplasto adesiwo]
Impfung	**Vacuna** [wakuna]
Katheter	**Catéter** [kateter]
Krankengymnastik	**Fisioterapia** [fisioterapia]
Massage	**Masaje** [massache]

Narkose	**anestesia** [anästesia]
Operation	**Operación** [operassion]
Punktion	**Punción** [punxion]
Röntgen	**Hacer radiografia** [asser rradiografia]
Ruhigstellung	**Inmovilización** [inmowilisassion]
Schienung	**Entablillar** [entablijar]
Sonographie	**Sonografía** [ssonografia]
Spritze	**Inyección** [injekxion]
Temperaturmessung	**Tomar la temperatura** [tomar la temperatura]
Untersuchung	**Revisión** [rewission]
Verband	**Vendaje** [wendache]
Zahnfüllung	**Empaste dental** [empaste dental]

6. Medikamente

Antibiotikum	**Antibiótico** [antibiotiko]
Drogen (im Sinne von Rauschgift)	**Drogas** [drogass]

Infusion	**Infusión** [infussion]
Lutschtablette	**Tableta para chupar** [tabletta para tschupar]
Saft	**Jarabe** [charabe]
Salbe	**Pomada** [pomada]
Schmerzmittel	**Analgésico** [analchesiko]
Tablette	**Pastilla** [pastija]
Tropfen	**Gota** [gota]
Zäpfchen	**Supositorios** [supositorios]
Morgens	**Por la mañana** [por la manjana]
Mittags	**A mediodía** [a mediodia]
Abends	**Por la tarde** [por la tarde]
Vor dem Essen	**Antes de comer** [antes de komer]
Nach dem Essen	**Después de comer** [despuäs de komer]
Mit Wasser	**Con agua** [kon agua]
Esslöffel	**Cuchara** [kutschara]

Tschechisch

1. Personalien und Abrechnungsdaten

Name	**Příjmení** [pschischmäni]
Vorname	**Jméno** [j-mäno]
Geburtsdatum	**Datum narození** [datum narrosänni]
Tag/Monat/Jahr	**Den/měsíc/rok** [den/mnjessihts/rok]
Geburtsort	**Místo narození** [mihsto narrosänni]
Angehörige	**Rodinný příslušník** [rodini pschissluschnik]
Krankenversicherung	**Zdravotní pojištění** [sdrawotnih pojischt-jännih]
Versicherungskarte	**Karta zdravotní pojišťovny** [karta sdrawotnih pojischt-joffni]
Arbeitgeber	**Zaměstnavatel** [samnjesstnawatel]
Hausarzt	**Obvodní lékař** [obwodnih läkarsch]
Ausweis	**Průkaz** [pruhkas]
Adresse	**Adresa** [adrässa]

3. Beschwerden und Diagnosen

Abszess	**Absces** [abszäss]
Aids	**AIDS** [aits]
Allergie	**Alergie** [alärgije]
Anämie	**Anémie** [anähmije]
Angina	**Angína** [angina]
Angst	**Úzkost** [uhskosst]
Appetitlosigkeit	**Nechutenství** [nächutännstwih]
Asthma	**Astma** [astma]
Atemnot	**Dušnost** [duschnost]
Ausfluss	**Výtok** [wihtock]
Ausschlag	**Vyrážka** [wirahschka]
Auswurf	**Vykašlávání hlenů** [wikaschlawahni h-lännuh]
Bandscheibenschaden	**Vada plotýnky** [wada plotinki]
Bauchschmerzen	**Bolesti břicha** [bollästi bschicha]

Bewusstseinsstörungen	**Poruchy vědomí** [poruchi vje-dommih]
Blähungen	**Nadýmání** [nadihmahnih]
Blasenentzündung	**Zánět močového měchýře** [sahnjet motschowäho mnje-chirsche]
Blinddarmentzündung	**Zánět slepého střeva** [sahnjet slepäho s-tschäwa]
Blut im Stuhl	**Krev ve stolici** [kräff wä sstollitzi]
Blut im Urin	**Krev v moči** [kräff w-motschi]
Bluterguss	**Krevní výron** [kräffni wironn]
Bluthochdruck	**Vysoký krevní tlak** [wissoki kräffni tlak]
Blutung	**Krvácení** [kr-waht-zänni]
Blutvergiftung	**Otrava krve** [otrawa kr-we]
Brennen	**Pálení** [palänni]
Bronchitis	**Bronchitida** [bronchitida]
Bruch	**Kýla** [kihla]
Brustschmerzen	**Bolesti na prsou** [bollästi napr-su]
Darmentzündung	**Zánět střev** [sahnjet s-tscheff]

Diabetes	**Diabetes** [diabetes]
Druck	**Tlak** [tlak]
Durchblutungsstörung	**Porucha prokrvení** [porucha prokre-wänni]
Durchfall	**Průjem** [pruhjem]
Durst	**Žízeň** [schih-sännsch]
Eierstockentzündung	**Zánět vaječníku** [sahnjet wajetsch-nihku]
Embolie	**Embólie** [embolije]
Entzündung	**Zánět** [sahnjet]
Epilepsie	**Epilepsie, padoucnice** [epilepsie, padouznize]
Erbrechen	**Zvracení** [swra-tzänni]
Erkältung	**Nachlazení** [nachlasänni]
Fehlgeburt	**Abortus** [abortus]
Fieber	**Horečka** [horetschka]
Frieren	**Mrazení** [m-rasänni]
Gallenblasenentzündung	**Zánět žlučníku** [sahnjet schlutschniku]

Gallenkolik	**Žlučníková kolika** [schlutschnikowa kolika]
Gebärmutterentzündung	**Zánět dělohy** [sahnjet djelohi]
Gehirnerschütterung	**Otřes mozku** [otschess mosku]
Gelbsucht	**Žloutenka** [schloutänka]
Gerinnungsstörung	**Porucha srážlivosti** [porucha ssrah-schliwosti]
Geschlechtskrankheit	**Pohlavní nemoc** [pohlaffni nämots]
Geschwür	**Vřed** [wschet]
Gicht	**Dna** [dna]
Grippe	**Chřipka** [chschipka]
Gürtelrose	**Pásový opar** [paßowi opar]
Halsentzündung	**Krční zánět** [krittschni sahnjet]
Halsschmerzen	**Bolení v krku** [bolänni f-kr-ku]
Hämorrhoiden	**Hemoroidy** [hämoroidi]
Harndrang	**Nucení na moč** [nutzänni namotsch]
Herzinfarkt	**Srdeční infarkt** [ssr-dätschni infarkt]

Herzkrankheit	**Srdeční choroba** [ssr-dätschni choroba]
Hirnhautentzündung	**Zánět mozkových blan** [sahnjet moskowich blan]
Hirnschlag	**Mozková mrtvice** [moskowa m-ret-witze]
Hörstörung	**Porucha sluchu** [porucha ssluchu]
Hunger	**Hlad** [hlat]
Husten	**Kašel** [kaschel]
Infarkt	**Infarkt** [infarkt]
Infektion	**Infekce** [infäktze]
Insektenstich	**Bodnutí hmyzem** [bodnutí hmyzem]
Ischias	**Ischias** [ischias]
Juckreiz	**Svědění** [sswjed-jänni]
Karies	**Zubní kaz** [subni kas]
Knochenbruch	**Zlomenina** [slomännina]
Kopfschmerzen	**Bolesti hlavy** [bollässti hlawi]
Krämpfe	**Křeče** [kschetsche]

Krebs	**Rakovina** [rakowina]
Kreislaufstörungen	**Poruchy krevního oběhu** [poruchi kräffniho objehu]
Lähmung	**Ochrnutí** [ochr-nutih]
Leistenbruch	**Tříselná kýla** [tschisselnah kihla]
Leukämie	**Leukémie** [leukähmije]
Lungenentzündung	**Zápal plic** [sahpal plihtz]
Magen-Darm-Entzündung	**Zánět žaludku a střev** [sahnjet schalutku ah st-schäff]
Menstruation	**Menstruace** [menstruatze]
Müdigkeit	**Malátnost** [malat-nost]
Muskelriss	**Natržení svalu** [natr-schänni sswalu]
Nervosität	**Nervozita** [nerwosita]
Nierenentzündung	**Zánět ledvin** [sahnjet ledwin]
Ohrentzündung	**Zánět ucha** [sahnjet ucha]
Rheuma	**Revma** [reffma]
Rötung	**Zarudnutí** [sarudnutih]

Rückenschmerzen	**Bolesti v zádech** [bollässti w-sahdech]
Schilddrüse	**Štítná žláza** [scht-jitnah schlahsa]
Schlafstörung	**Porucha spánku** [porucha sspahnku]
Schluckbeschwerden	**Polykací obtíže** [pollikatzi optih-sche]
Schmerzen	**Bolesti** [bollässti]
Schnupfen	**Rýma** [rima]
Schüttelfrost	**Třesavka** [tschessaff-ka]
Schwäche	**Slabost** [sslabosst]
Schwangerschaft	**Těhotenství** [tjeho-tännstwi]
Schwindel	**Závrať** [sahwratj]
Schwitzen	**Pocení** [potzänni]
Sehstörung	**Porucha vidění** [porucha widjänni]
Sodbrennen	**Pálení žáhy** [paaleni dzahy]
Stechen	**Píchání** [pichanni]
Sterben	**Zesnutí** [sessnuti]

Stuhldrang	**Nucení na stolici** [nutzänni nastollitsi]
Suizid	**Sebevražda** [sebewradja]
Tetanus	**Tetanus** [tätanus]
Thrombose	**Trombóza** [trombosa]
Tod	**Úmrtí** [uhmr-tih]
Tuberkulose	**Tuberkulóza** [tuberkulosa]
Tumor	**Tumor** [tumor]
Typhus	**Tyfus** [tifus]
Übelkeit	**Nevolnost** [näwollnost]
Unfall	**Úraz** [uhras]
Verbrennung	**Popálenina** [popalännina]
Verfärbung	**Zbarvení** [sbar-wänni]
Vergiftung	**Otrava** [otrawa]
Verletzung	**Zranění** [srahn-jänni]
Verrenkung	**Vymknutí** [wimm-knuti]

Verstauchung	**Vyvrtnutí** [wiffre-tnuti]
Verstopfung	**Zácpa** [satz-pa]
Wehen	**Porodní bolesti** [porottni bollässti]
Zahnfleischentzündung	**Zánět dásní** [sahnjet dahsni]
Zuckerkrankheit	**Cukrovka** [zukroffka]

4. Was soll der Patient (nicht) tun

(Nicht) anrufen –	**(Ne) zavolat** [(nä) savolat]
(Nicht) aufstehen	**Vstát (Nevstávat)** [fstaht (näffstawaht)]
(Nicht) ausatmen	**Vydechnout (Zadržet dech)** [widächnout (sadrischätt dec)]
(Nicht) ausspülen	**Vypláchnout (Nevyplachovat)** [wiplahchnout (näwiplachovat)]
(Nicht) ausziehen	**Svléknout (Nesvlékat)** [sswläknout (nässwläkat)]
(Nicht) baden	**Koupat se (Nekoupat se)** [koupat ssä (näkoupat ssä)]
(Nicht) belasten	**Zatěžovat (Nezatěžovat)** [satje-schowatt (näsatje-schowatt)]
(Nicht) bewegen	**Pohnout (Nehýbat)** [pohnout (nähibat)]
(Nicht) bezahlen	**Zaplatit (Neplatit)** [saplatit (näplatit)]
(Nicht) bleiben	**Zůstat (Nezůstávat)** [suhstat (näsuhstawat)]
(Nicht) drehen	**Otočit se (Neotáčet se)** [ototschit ssä (näo-tahtschet ssä)]
(Nicht) drücken	**Stisknout (Netisknout)** [sstiss-knout (nätiss-knout)]
(Nicht) einatmen	**Nadechnout (Nevdechovat)** [nadächnout (näffdechowat)]
(Nicht) einreiben	**Rozetřít (Neroztírat)** [rosettschit (närosstih-rat)]

(Nicht) entspannen	**Uvolnit se (Neuvolňovat se)** [uwollnit ssä (nä-uwollnjowat ssä)]
(Nicht) essen	**Jíst (Nejíst)** [jihst (nä-jihst)]
(Nicht) gehen	**Chodit (Nechodit)** [chodit (nächodit)]
(Nicht) gurgeln	**Kloktat (Nekloktat)** [kloktat (näkloktat)]
(Nicht) hinlegen	**Lehnout si (Nelehat si)** [lähnout ssi (nälähat ssi)]
(Nicht) hinsetzen	**Posadit se (Nesedat si)** [possadit ssä (nässädat ssi)]
(Nicht) hochlagern	**Udržovat ve zvýšené poloze** [udr-schowat wäswih-schennä polose (nä-udrschowat wäswih-schennä polose)]
(Nicht) husten	**Kašlat (Nekašlat)** [kaschlat (näkaschlat)]
(Nicht) inhalieren	**Inhalovat (Neinhalovat)** [inhalowat (näinhalowat)]
(Nicht) kauen	**Žvýkat (Nežvýkat)** [shwihkat (näshwihkat)]
(Nicht) kühlen	**Ochladit (Neochlazovat)** [ochladit (näochlasowat)]
(Nicht) lutschen	**Cucat (Necucat)** [tsu-tsat (nä-tsu-tsat)]
(Nicht) öffnen	**Otevřít (Neotvírat)** [otäffschiht (näo-twirat)]
(Nicht) pressen	**Tlačit (Netlačit)** [tlatschit (nä-tlatschit)]

(Nicht) schlucken	**Polknout (Nepolykat)** [polknout (näpolikat)]
(Nicht) schreiben	**Psát (Nepsat)** [psaht (näpsat)]
(Nicht) trinken	**Pít (Nepít)** [piht (näpiht)]
(Nicht) warten	**Počkat (Nečekat)** [potschkat (nätschäkat)]
(Nicht) zubeißen	**Skousnout (Nekousat)** [skoussnout (näkou-ssat)]
Hinaus gehen	**Vycházet** [wichahset]
Nicht rauchen	**Nekouřit** [näkourschit]
Stuhlprobe	**Vzorek stolice** [wso-reck sstollitze]
Urinprobe	**Vzorek moči** [wso-reck motschi]
Unterschreiben	**Podepsat** [podäpssat]
Warmhalten	**Udržovat v teple** [udrschowat f-täple]
Wiederkommen	**Přijít znovu** [pschi-jit snowu]
Mit Dolmetscher wiederkommen	**Přijít znovu s tlumočníkem** [pschi-jit snowu s-tlu-motschnikämm]

5. Ärztliche Maßnahmen

Absaugen	**Odsávání** [ottsa-wahni]
Bestrahlung	**Ozařování** [osarscho-wahni]
Blutdruckmessung	**Měření krevního tlaku** [mnjer-schänni kräffniho tlaku]
Blutentnahme	**Odběr krve** [odbjer kr-we]
Bluttransfusion	**Krevní transfúze** [kreweni transfuse]
Bohren	**Vrtání** [wr-tani]
Desinfektion	**Dezinfekce** [desinfektze]
EKG	**EKG** [ekahgeh]
Entfernung	**Odstranění** [otstrannjänni]
Heftpflaster	**Náplast,** [náplast]
Impfung	**Očkování** [otschko-wahni]
Katheter	**Katetr** [katetr]
Krankengymnastik	**Zdravotní gymnastika** [sdrawotnih gimnastika]
Massage	**Masáž** [massahsch]

Narkose	**Narkóza** [narkosa]
Operation	**Operace** [operatze]
Punktion	**Punkce** [punktze]
Röntgen	**Rentgen** [rentgen]
Ruhigstellung	**Znehybnění** [snähib-njänni]
Schienung	**Přiložení dlahy** [pschiloschänni dlahi]
Sonographie	**Sonografie** [ssonografije]
Spritze	**Injekce** [injektze]
Temperaturmessung	**Měření teploty** [mnjerscheni täploti]
Untersuchung	**Vyšetření** [wischetschenni]
Verband	**Obvaz** [obwas]
Zahnfüllung	**Zubní plomba** [subnie plomba]

6. Medikamente

Antibiotikum	**Antibiotikum** [antibiotikum]
Drogen (im Sinne von Rauschmittel)	**Droga** [droga]

Infusion	**Infúze** [infuhse]
Lutschtablette	**Tableta na cucání** [tableta na zuzaanii]
Saft	**Sirup** [ssirup]
Salbe	**Mast** [masst]
Schmerzmittel	**Analgetikum** [analgetikum]
Tablette	**Tableta** [tabletta]
Tropfen	**Kapky** [kapki]
Zäpfchen	**Čípek** [tschih-peck]
Morgens	**Ráno** [rahno]
Mittags	**V poledne** [f-poledne]
Abends	**Večer** [wätscher]
Vor dem Essen	**Před jídlem** [psched jihd-lem]
Nach dem Essen	**Po jídle** [pojihd-le]
Mit Wasser	**S vodou** [swodou]
Esslöffel	**Polévková lžíce** [polähfkowa lschihtze]

Türkisch

1. Personalien und Abrechnungsdaten

Name	**Soyadı** [sojade]
Vorname	**Ad** [ad]
Geburtsdatum	**Doğum tarihi** [dohm tarihi]
Tag/Monat/Jahr	**Gün/ay/yıl** [gün/aj/jel]
Geburtsort	**Doğum yeri** [dohm jeri]
Angehörige	**Yakınlar** [jaknlar]
Krankenversicherung	**Sigorta** [ssigorta]
Versicherungskarte	**Sigorta kartı** [ssigorta karthe]
Arbeitgeber	**İş yeri** [isch jeri]
Hausarzt	**Aile doktoru (ev doktoru)** [ajle doktoru (ew doktoru)]
Ausweis	**Kimlik** [kimlik]
Adresse	**Adres** [adress]

2. Allgemeine Begriffe und Redewendungen

Guten Tag	**Merhaba** [merhaba]
Auf Wiedersehen	**İyi günler** [iji günler]
Gute Besserung	**Geçmiş olsun** [getschmisch olsun]
Ja	**Evet** [ewet]
Nein	**Hayır** [hajr]
Wo	**Nerede** [närede]
Wann	**Ne zaman** [ne saman]
Wie	**Nasıl** [Nassel]
Wie oft	**Kaç kere** [katsch käre]
Krankenhaus	**Hastane** [hasstane]
Apotheke	**Eczane** [edschsane]
Überweisung	**Sevk kağıdı** [sefk kijadhe]
Rezept	**Reçete** [retschete]
Facharzt	**Uzman hekim** [usman hekim]

Dolmetscher	**Tercüman** [terdschüman]
Gut	**İyi** [iji]
Schlecht	**Kötü** [kötü]
Harmlos	**Zararsız** [sararsses]
Lebensbedrohlich	**Çok ciddi** [tschok dschidi]
Ansteckend	**Bulaşıcı** [bulaschedsche]
Akut	**Ani** [ahnii]
Chronisch	**Kronik** [kronik]
Kontrolltermin	**Kontrol randevusu** [kontrol randewussu]
Entlassung	**Taburcu olmak** [taburdschu olmak]

3. Beschwerden und Diagnosen

Abszess	**Apse** [apse]
Aids	**AIDS** [ejds]
Allergie	**Alerji** [alerschi]
Anämie	**Kansızlık** [kansseslek]
Angina	**Anjin** [anschin]
Angst	**Korku** [korku]
Appetitlosigkeit	**İştahsızlık** [ischtahssislek]
Asthma	**Astma** [astma]
Atemnot	**Nefes darlığı** [nefess darlehe]
Ausfluss	**Akıntı** [akente]
Ausschlag	**Döküntü** [döküntü]
Auswurf	**Balgam** [balgam]
Bandscheibenschaden	**Disk kayması** [disk kajmasse]
Bauchschmerzen	**Karın ağrısı** [karen ahresse]

Bewusstseinsstörungen	**Baygınlık** [bajgnlek]
Blähungen	**Gaz** [gas]
Blasenentzündung	**İdrar kesesi iltihabı** [idrar kessessi iltihabe]
Blinddarmentzündung	**Körbarsak iltihabı** [körbarsak iltihabe]
Blut im Stuhl	**Büyük apdeste kan** [büjük apdesste kan]
Blut im Urin	**İdrarda kan** [idrarda kan]
Bluterguss	**İç kanama** [itsch kanama]
Bluthochdruck	**Yüksek tansiyon** [yüksek tansyon]
Blutung	**Kanama** [kanama]
Blutvergiftung	**Kan zehirlenmesi** [kann sehirlenmessi]
Brennen	**Yanma** [janma]
Bronchitis	**Bronşit** [bronschit]
Bruch	**Tıtık** [tetek]
Brustschmerzen	**Göğüs ağrısı** [göjüs ahresse]
Darmentzündung	**Barsak iltihabı** [barsak iltihabe]

Diabetes	**Şeker hastalığı (diyabet)** [scheker hastalehe]
Druck	**Şişkinlik** [schischkinlik]
Durchblutungsstörung	**Kan dolaşımı bozukluğu** [kann dolascheme bozukluhu]
Durchfall	**İshal** [ishal]
Durst	**Susuzluk** [ssussusluk]
Eierstockentzündung	**Yumurtalık iltihabı** [yumurtalek iltihabe]
Embolie	**Damar tıkanıklışı (amboli)** [damar tkaneklesche (amboli)]
Entzündung	**İltihap** [iltihap]
Epilepsie	**Epilepsi** [epilepssi]
Erbrechen	**Kusma** [kusma]
Erkältung	**Üşütme** [üschütme]
Fehlgeburt	**Çocuk düşürme** [tschodschuk düschürme]
Fieber	**Ateş** [atesch]
Frieren	**Üşüme** [üschüme]
Gallenblasenentzündung	**Safra kesesi iltihabı** [ssafra kessessi iltihabe]

Gallenkolik	**Safra kesesi sancısı** [ssafra kessessi ssantschesse]
Gebärmutterentzündung	**Rahim iltihabı** [rahim iltihabe]
Gehirnerschütterung	**Beyin sarsıntısı** [bejin-ssarsentesse]
Gelbsucht	**Sarılık** [ssarelek]
Gerinnungsstörung	**Kan pıhtısi bozukluğu** [kann pehtessi bosukluhu]
Geschlechtskrankheit	**Cinsel hastalığı** [dschinsel hastalehe]
Geschwür	**Ülser** [ülser]
Gicht	**Nıkris** [nekriss]
Grippe	**Grip** [grip]
Gürtelrose	**Zona hastalığı** [sona hastalehe]
Halsentzündung	**Boğaz iltihabı** [bohas iltihabe]
Halsschmerzen	**Boğaz ağrısı** [bohas ahrese]
Hämorrhoiden	**Hemoroit** [hemoroit]
Harndrang	**İdrar sıkıştırması** [idrar ssekeschtrmasse]
Herzinfarkt	**Kalp enfarktüsü** [kalp enfarktüssü]

Herzkrankheit	**Kalp hastalığı** [kalp hastalehe]
Hirnhautentzündung	**Menenjit** [meneschit]
Hirnschlag	**Beyin sektesi** [bejin ssektessi]
Hörstörung	**İşitme bozukluğu** [ischitme bosukluhu]
Hunger	**Açlık** [atschlek]
Husten	**Öksürük** [öksürük]
Infarkt	**Enfaktüs** [enfaktüs]
Infektion	**Enfeksiyon** [enfeksyon]
Insektenstich	**Böcek ısırığı** [bödschek essere]
Ischias	**Siyatik** [ssijatik]
Juckreiz	**Kaşıntı** [kaschente]
Karies	**Diş çürüklüğü** [disch tschürüklüjü]
Knochenbruch	**Kemik kırığı** [kemik kherehe]
Kopfschmerzen	**Baş ağrısı** [basch ahresse]
Krämpfe	**Kramplar** [kramplar]

Krebs	**Kanser** [kanser]
Kreislaufstörungen	**Dolaşım sistemi bozukluğu** [dolaschem ssistemi bosukluhu]
Lähmung	**Felç** [feltsch]
Leistenbruch	**Fıtık** [fetek]
Leukämie	**Kan kanseri** [kann kanseri]
Lungenentzündung	**Akciğer iltihabı** [akdschijer iltihabe]
Magen-Darm-Entzündung	**Mide barsak iltihabı** [mide barsak iltihabe]
Menstruation	**Adet kanaması** [adet kanamasse]
Müdigkeit	**Yorgunluk** [jorgunluk]
Muskelriss	**Kas yırtılması** [kass jertelmasse]
Nervosität	**Sinirlik** [sinirlik]
Nierenentzündung	**Böbrek iltihabı** [böbrek iltihabe]
Ohrentzündung	**Kulak iltihabı** [kulak iltihabe]
Rheuma	**Romatizma** [romatisma]
Rötung	**Kızarma** [kesarma]

Rückenschmerzen	**Bel ağrısı** [bel ahresse]
Schilddrüse	**Kalkan bezi** [kalkan besi]
Schlafstörung	**Uyku rahatsızlık** [ujku rahatseslek]
Schluckbeschwerden	**Yutkunma şikayetleri** [jutkunma schikajetleri]
Schmerzen	**Ağrılar** [ahrelar]
Schnupfen	**Nezle** [nesle]
Schüttelfrost	**Nöbet titremesi** [nöbet titremessi]
Schwäche	**Güçsüzlük** [gütschsüsslük]
Schwangerschaft	**Hamilelik** [hamilelik]
Schwindel	**Baş dönmesi** [basch dönmessi]
Schwitzen	**Terleme** [terleme]
Sehstörung	**Görme bozukluğu** [görme bosukluhu]
Sodbrennen	**Mide yanması** [mide janmasse]
Stechen	**Sızlama** [sseslama]
Sterben	**Ölme** [ölme]

Stuhldrang	**Büyük aptes sıkıştırması** [büjük aptes ssekheschtermasse]
Suizid	**İntihar** [intihar]
Tetanus	**Tetanos** [tetanos]
Thrombose	**Tromboz** [trombos]
Tod	**Ölüm** [ölüm]
Tuberkulose	**Tüberküloz** [tüberkülos]
Tumor	**Tümor** [tümor]
Typhus	**Tifo** [tifo]
Übelkeit	**Mide bulantısı** [mide bulantesse]
Unfall	**Kaza** [kasa]
Verbrennung	**Yanık** [yanek]
Verfärbung	**Renk değişimi** [reng dejischimi]
Vergiftung	**Zehirlenme** [sehirlenme]
Verletzung	**Yaralanma** [jaralanma]
Verrenkung	**Çıkık** [tschikek]

Verstauchung	**Burkulma** [Burkulma]
Verstopfung	**Kabızlık** [kabeslek]
Wehen	**Doğum sancıları** [dohum santschelare]
Zahnfleischentzündung	**Diş eti iltihabı** [disch eti ltihabe]
Zuckerkrankheit	**Şeker hastalığı** [scheker hastalehe]

4. Was soll der Patient (nicht) tun

(Nicht) anrufen	**Ara(ma)mak** [ara(ma)mak]
(Nicht) aufstehen	**Kalk(ma)mak** [kalk(ma)mak]
(Nicht) ausatmen	**Nefes ver(me)mek** [nefes wer(me)mek]
(Nicht) ausspülen	**Çalkala(ma)mak** [tschalkala(ma)mak]
(Nicht) ausziehen	**Soyun(ma)mak** [ssojun(ma)mak]
(Nicht) baden	**Banyo yap(ma)mak** [banjo jap(ma)mak]
(Nicht) belasten	**Yükle(me)mek** [jükle(me)mek]
(Nicht) bewegen	**Hareket et(me)mek** [hareket et(me)mek]
(Nicht) bezahlen	**Öde(me)mek** [öde(me)mek]
(Nicht) bleiben	**Kal(ma)mak** [kal(ma)mak]
(Nicht) drehen	**Döndür(me)mek** [döndür(me)mek]
(Nicht) drücken	**Bas(ma)mak** [bass(ma)mak]
(Nicht) einatmen	**Nefes al(ma)mak** [nefes al(ma)mak]
(Nicht) einreiben	**Sür(me)mek** [sür(me)mek]

(Nicht) entspannen	**Gevşe(me)mek** [gefsche(me)mek]
(Nicht) essen	**Ye(me)mek** [je(me)mek]
(Nicht) gehen	**Yürü(me)mek** [jürü(me)mek]
(Nicht) gurgeln	**Gargara et(me)mek** [gargara et(me)mek]
(Nicht) hinlegen	**Uzan(ma)mak** [usan(ma)mak]
(Nicht) hinsetzen	**Otur(ma)mak** [otur(ma)mak]
(Nicht) hochlagern	**Kaldır(ma)mak** [kaldr(ma)mak]
(Nicht) husten	**Öksür(me)mek** [öksür(me)mek]
(Nicht) inhalieren	**Nefesle çek(me)mek** [nefesle tschek(me)mek]
(Nicht) kauen	**Çiğne(me)mek** [tschihne(me)mek]
(Nicht) kühlen	**Soğut(ma)mak** [ssohut(ma)mak]
(Nicht) lutschen	**Em(me)mek** [em(me)mek]
(Nicht) öffnen	**Aç(ma)mak** [atsch(ma)mak]
(Nicht) pressen	**Sık(ma)mak** [sk(ma)mak]
(Nicht) schlucken	**Yut(ma)mak** [jut(ma)mak]

(Nicht) schreiben	**Yaz(ma)mak** [jas(ma)mak]
(Nicht) trinken	**İç(me)mek** [itsch(me)mek]
(Nicht) warten	**Bekle(me)mek** [bekle(me)mek]
(Nicht) zubeißen	**Isır(ma)mak** [esr(ma)mak]
Hinaus gehen	**Dışarıya çıkmak** [discharja tschekmak]
Nicht rauchen	**Sigara içmek yasak** [ssigara itschmek jassak]
Stuhlprobe	**Büyük aptes örneği** [büjük aptes örneji]
Urinprobe	**İdrar örneği** [idrar örneji]
Unterschreiben	**İmzalamak** [imsalamak]
Warmhalten	**Sıcak tutmak** [ssidschak tutmak]
Wiederkommen	**Tekrar gelmek** [tekrar gelmek]
Mit Dolmetscher wiederkommen	**Tercümanla tekrar gelmek** [terdschümanla tekrar gelmek]

5. Ärztliche Maßnahmen

Absaugen	**Emerek çekmek** [emerek tschekmek]
Bestrahlung	**Işın tedavisi** [ischen tedafissi]
Blutdruckmessung	**Tansiyon ölçmesi** [tansjon öltschmessi]
Blutentnahme	**Kan alması** [kann almasse]
Bluttransfusion	**Kan transfüsyonu** [kan transsfüsjonu]
Bohren	**Oymak** [ojmak]
Desinfektion	**Dezenfeksiyon** [desenfeksjon]
EKG	**Elektrokardioyogram** [elektrokardiojogram]
Entfernung	**Çıkarılma** [tschikarelma]
Heftpflaster	**Flaster** [flasster]
Impfung	**Aşı** [asche]
Katheter	**Anjiyo** [anschijo]
Krankengymnastik	**Fizyoterapi** [fisjoterapi]
Massage	**Masaj** [masasch]

Narkose	**Narkoz** [narkos]
Operation	**Ameliyat** [ameljat]
Punktion	**Ponksiyon** [ponksjon]
Röntgen	**Röntgen** [röntgen]
Ruhigstellung	**İstirahat hali** [istirahat-hali]
Schienung	**Cebire** [Dschebire]
Sonographie	**Sonografi** [sonografi]
Spritze	**İğne** [ijne]
Temperaturmessung	**Ateş ölçmesi** [atesch öltschmessi]
Untersuchung	**Muayene** [muajene]
Verband	**Pansuman** [pansuman]
Zahnfüllung	**Diş dolgusu** [disch dolgussu]

6. Medikamente

Antibiotikum	**Antibiyotik** [antibijotik]
Drogen (im Sinne von Rauschmitteln)	**Uyuşturucu maddeler** [ujuschturudschu maddeler]

Infusion	**Serum** [serum]
Lutschtablette	**Ağızda çözülen tablet** [ahesda tschösülen tablet]
Saft	**Şurup** [schurup]
Salbe	**Merhem** [merhem]
Schmerzmittel	**Ağrı kesici** [ahre kessidschi]
Tablette	**Hap** [hap]
Tropfen	**Damla** [damla]
Zäpfchen	**Fitil** [fitil]
Morgens	**Sabahları** [sabahlare]
Mittags	**Öğlenleri** [öylenleri]
Abends	**Akşamları** [akschamlare]
Vor dem Essen	**Yemekten önce** [jemekten öndsche]
Nach dem Essen	**Yemekten sonra** [jemekten ssonra]
Mit Wasser	**Su ile** [ssujle]
Esslöffel	**Yemek kaşığı** [jemek kaschehi]

Ungarisch

1. Personalien und Abrechnungsdaten

Name	**Név** [nehw]
Vorname	**Elõnév** [älöhnehw]
Geburtsdatum	**Születési idõ** [ssülätehschi idõh]
Tag/Monat/Jahr	**Nap/Hónap/Év** [nop/hohnop/ehw]
Geburtsort	**Születési hely** [ssülätehschi häj]
Angehörige	**Hozzátartozói** [hossahtortosohi]
Krankenversicherung	**Betegbiztosító** [bätägbistoschihtoh]
Versicherungskarte	**Biztosítókártya** [bistoschihtohkahrtjo]
Arbeitgeber	**Munkaadó** [munkoodoh]
Hausarzt	**Háziorvos** [hahsiorwosch]
Ausweis	**Igazolvány** [igosolwahnj]
Adresse	**Cím** [tsihm]

2. Allgemeine Begriffe und Redewendungen

Guten Tag	**Jó napot.** [joh nopot]
Auf Wiedersehen	**Viszontlátásra.** [wissontlahtahschro]
Gute Besserung	**Jobbulást** [jobbulahscht]
Ja	**Igen** [igän]
Nein	**Nem** [näm]
Wo	**Hol** [hol]
Wann	**Mikor** [mikor]
Wie	**Hogyan** [hodjon]
Wie oft	**Mennyiszer** [männjissär]
Krankenhaus	**Kórház** [kohrhahs]
Apotheke	**Gyógyszertár** [djohdjssertahr]
Überweisung	**Átutalás** [ahtutolahsch]
Rezept	**Recept** [räzäpt]
Facharzt	**Szakorvos** [ssokorwosch]

Dolmetscher	**Tolmács** [tolmahtsch]
Gut	**Jó** [joh]
Schlecht	**Rossz** [ross]
Harmlos	**Ártalmatlan** [ahrtolmotlon]
Lebensbedrohlich	**Életveszélyes** [ehlätwässehjäsch]
Ansteckend	**Ragályos** [rogahjosch]
Akut	**Akut** [okut]
Chronisch	**Krónikus** [krohnikusch]
Kontrolltermin	**Kontrol idõpont** [kontrol idöhpont]
Entlassung	**Elbocsájtás** [älbotschajtahsch]

3. Beschwerden und Diagnosen

Abszess	**Tályog** [tahjog]
Aids	**Aids** [edss]
Allergie	**Alergia** [olärgio]
Anämie	**Vérszegénység** [wehrssägehnjschehg]
Angina	**Torokgyulladás** [torokdjullodahsch]
Angst	**Félelem** [fehläläm]
Appetitlosigkeit	**Étvágytalan** [ehtwahdjtolon]
Asthma	**Astma** [ostmo]
Atemnot	**Légszomj** [lehgssomj]
Ausfluss	**Váladék** [wahlodehk]
Ausschlag	**Kiütés** [kiütesch]
Auswurf	**Köpet** [köpät]
Bandscheibenschaden	**Gerincsérv** [gerintsschehrw]
Bauchschmerzen	**Hasfájás** [hoschfahjahsch]

Bewusstseinsstörungen	**Eszméletzavar** [ässmehlätsowor]
Blähungen	**Felfúvódás** [fälfuhwohdahsch]
Blasenentzündung	**Hólyaggyulladás** [hohjogdjullodahsch]
Blinddarmentzündung	**Vakbélgyulladás** [wakbehldjullodahsch]
Blut im Stuhl	**Vér a székletben** [wehr o ssehklätbän]
Blut im Urin	**Vér a vizeletben** [wehr o wisälätbän]
Bluterguss	**Véraláfutás** [wehrolahfutahsch]
Bluthochdruck	**Magas vérnyomás** [mogosch wehrnjomahsch]
Blutung	**Vérzés** [wehrsehsch]
Blutvergiftung	**Vérmérgezés** [wehrmehrgäzehsch]
Brennen	**Égető érzés** [ehgätöh ehrsehsch]
Bronchitis	**Hörghurut** [hörghurut]
Bruch	**Törés** [törehsch]
Brustschmerzen	**Melkasfájás** [mälkoschfahjahsch]
Darmentzündung	**Bélgyulladás** [behldjullodahsch]

Diabetes	**Cukorbetegség** [zukorbätägschehg]
Druck	**Nyomás** [njomahsch]
Durchblutungsstörung	**Vérkeringési zavarok** [wehrkäringehschi soworok]
Durchfall	**Hasmenés** [hoschmänehsch]
Durst	**Szomjúság** [ssomjuhschahg]
Eierstockentzündung	**Petefészekgyulladás** [pätäfehssäkdjullodahsch]
Embolie	**Embólia** [ämbohlio]
Entzündung	**Gyulladás** [djullodahsch]
Epilepsie	**Epilepszia** [äpiläpssio]
Erbrechen	**Hányni** [hahnjni]
Erkältung	**Megfázás** [mägfahsahsch]
Fehlgeburt	**Elvetélés** [älwätehlehsch]
Fieber	**Láz** [lahs]
Frieren	**Fázás** [fahsahsch]
Gallenblasenentzündung	**Epehólyaggyulladás** [äpähohjogdjullodahsch]

Gallenkolik	**Epekólika** [äpäkohliko]
Gebärmutterentzündung	**Anyaméhgyulladás** [onjomehdjullodahsch]
Gehirnerschütterung	**Agyrázkódás** [odjrahskohdahsch]
Gelbsucht	**Sárgaság** [schahrgoschahg]
Gerinnungsstörung	**Véralvadászavar** [wehrolwodahschsowor]
Geschlechtskrankheit	**Nemibetegség** [nämibätägschehg]
Geschwür	**Fekély** [fäkehj]
Gicht	**Köszvény** [kösswehnj]
Grippe	**Influenza** [influenso]
Gürtelrose	**Övsömör** [öwschömör]
Halsentzündung	**Torokgyulladás** [torokdjullodahsch]
Halsschmerzen	**Torokfájás** [torokfahjahsch]
Hämorrhoiden	**Aranyér** [oronjehr]
Harndrang	**Vizelési inger** [wisälehschi inger]
Herzinfarkt	**Szívinfarktus** [ssihwinforktusch]

Herzkrankheit	**Szívbetegség** [ssihwbätägschehg]
Hirnhautentzündung	**Agyhártyagyulladás** [odjhahrtjodjullodahsch]
Hirnschlag	**Agyvérzés** [odjwehrsehsch]
Hörstörung	**Hallászavar** [hollahschsowor]
Hunger	**Éhség** [ehschehg]
Husten	**Köhögés** [köhögehsch]
Infarkt	**Infarktus** [inforktusch]
Infektion	**Fertõzés** [färtöhsehsch]
Insektenstich	**Rovarcsípés** [rowortschihpehsch]
Ischias	**Isiász** [ischiahss]
Juckreiz	**Viszketési inger** [wisskätehschi inger]
Karies	**Káriesz / Szuvasodás** [kahriess / ssuwosodahsch]
Knochenbruch	**Csonttörés** [tschonttörehsch]
Kopfschmerzen	**Fejfájás** [fäjfahjahsch]
Krämpfe	**Görcsök** [görtschök]

Krebs	**Rák** [rahk]
Kreislaufstörungen	**Vérkeringési zavarok** [wehrkäringehschi soworok]
Lähmung	**Bénulás** [behnulahsch]
Leistenbruch	**Lágyéksérv** [lahdjehkschehrw]
Leukämie	**Fehérvérüség/Leukémia** [fähehrwehrühschehg/läukehmio]
Lungenentzündung	**Tüdõgyulladás** [tödöhdjullodahsch]
Magen-Darm-Entzündung	**Gyomor-bél-gyulladás** [djomor-behl-djullodahsch]
Menstruation	**Menstruáció** [mänstruahzioh]
Müdigkeit	**Fáradtság** [fahrodtschahg]
Muskelriss	**Izomszakadás** [isomssokodahsch]
Nervosität	**Idegesség** [idägässchehg]
Nierenentzündung	**Vesegyulladás** [wäschädjullodahsch]
Ohrentzündung	**Fülgyulladás** [füldjullodahsch]
Rheuma	**Reuma** [räumo]
Rötung	**Vörösség** [wörösschehg]

Rückenschmerzen	**Hátfájás** [hahtfahjahsch]
Schilddrüse	**Pajzsmirígy** [pojschmirihdj]
Schlafstörung	**Alvászavar** [olwahschsowor]
Schluckbeschwerden	**Nyelési panaszok** [njälehschi ponossok]
Schmerzen	**Fájdalom** [fahjdolom]
Schnupfen	**Nátha** [nahtho]
Schüttelfrost	**Hidegrázás** [hidägrahsahsch]
Schwäche	**Gyengeség** [djängäschehg]
Schwangerschaft	**Terhesség** [tärhässchehg]
Schwindel	**Szédülés** [ssehdülehsch]
Schwitzen	**Izzadás** [issodahsch]
Sehstörung	**Látási zavar** [lahtahschi sowor]
Sodbrennen	**Gyomorégés** [djomorehgehsch]
Stechen	**Szúrás** [ssuhrahsch]
Sterben	**Meghalni** [mägholni]

Stuhldrang	**Székelési inger** [ssehkälehschi ingär]
Suizid	**Öngyilkos** [öndjilkosch]
Tetanus	**Tetanusz** [tätonuss]
Thrombose	**Trombózis** [trombohsisch]
Tod	**Halál** [holahl]
Tuberkulose	**Tüdõbaj / Tuberkulózis** [tüdöhboj / tubärkulohsisch]
Tumor	**Daganat** [dogonot]
Typhus	**Tifusz** [tifuss]
Übelkeit	**Hányinger** [hahnjingär]
Unfall	**Baleset** [boläschät]
Verbrennung	**Égés** [ehgehsch]
Verfärbung	**Szinesedés** [ssinäschädehsch]
Vergiftung	**Mérgezés** [mehrgäsehsch]
Verletzung	**Sérülés** [schehrülehsch]
Verrenkung	**Kificamodás** [kifitsomodahsch]

Verstauchung	**Megrándulás** [mägrahndulahsch]
Verstopfung	**Szorulás** [ssorulahsch]
Wehen	**Szülési fájás** [ssülehschi fahjahsch]
Zahnfleischentzündung	**Ínygyulladás** [ihnjdjullodahsch]
Zuckerkrankheit	**Cukorbetegség** [zukorbätägschehg]

4. Was soll der Patient (nicht) tun

(Nicht) anrufen	**(Nem) Felhívni** [(näm) fälhihwni]
(Nicht) aufstehen	**(Nem) Felállni** [(näm) fälahllni]
(Nicht) ausatmen	**(Nem) Kilélegezni** [(näm) kilehlägäsni]
(Nicht) ausspülen	**(Nem) Kiöblíteni** [(näm) kiöblihtäni]
(Nicht) ausziehen	**(Nem) Levetkõzni** [(näm) läwätköhsni]
(Nicht) baden	**(Nem) Fürödni** [(näm) fürödni]
(Nicht) belasten	**(Nem) Terhelni** [(näm) tärhälni]
(Nicht) bewegen	**(Nem) Mozdulni** [(näm) mosdulni]
(Nicht) bezahlen	**(Nem) Fizetni** [(näm) fisätni]
(Nicht) bleiben	**(Nem) Maradni** [(näm) morodni]
(Nicht) drehen	**(Nem) Fordulni** [(näm) fordulni]
(Nicht) drücken	**(Nem) Nyomni** [(näm) njomni]
(Nicht) einatmen	**(Nem) Belélegezni** [(näm) bälehlägäsni]
(Nicht) einreiben	**(Nem) Bedörzsölni** [(näm) bädörschölni]

(Nicht) entspannen	**(Nem) Lazítani** [(näm) losihtoni]
(Nicht) essen	**(Nem) Enni** [(näm) änni]
(Nicht) gehen	**(Nem) Menni** [(näm) männi]
(Nicht) gurgeln	**(Nem) Torkot Öblögetni** [(näm) torkot öblögätni]
(Nicht) hinlegen	**(Nem) Lefeküdni** [(näm) läfäküdni]
(Nicht) hinsetzen	**(Nem) Leülni** [(näm) läülni]
(Nicht) hochlagern	**(Nem) Feltámasztani** [(näm) fältahmosstoni]
(Nicht) husten	**(Nem) Köhögni** [(näm) köhögni]
(Nicht) inhalieren	**(Nem) Inhalálni** [(näm) inholahlni]
(Nicht) kauen	**(Nem) Rágni** [(näm) rahgni]
(Nicht) kühlen	**(Nem) Hütoni** [(näm) hütäni]
(Nicht) lutschen	**(Nem) Szopogatni** [(näm) ssopogotni]
(Nicht) öffnen	**(Nem) Nyitni** [(näm) njitni]
(Nicht) pressen	**(Nem) Nyomni** [(näm) njomni]
(Nicht) schlucken	**(Nem) Nyelni** [(näm) njälni]

(Nicht) schreiben	**(Nem) Írni** [(näm) ihrni]
(Nicht) trinken	**(Nem) Inni** [(näm) inni]
(Nicht) warten	**(Nem) Várni** [(näm) wahrni]
(Nicht) zubeißen	**(Nem) Ráharapni** [(näm) rahhoropni]
Hinaus gehen	**Kimenni** [kimänni]
Nicht rauchen	**Nem dohányzó** [näm dohahnjsoh]
Stuhlprobe	**Székletpróba** [ssehklätprohbo]
Urinprobe	**Vizeletpróba** [wisälätprohbo]
Unterschreiben	**Aláírni** [olahihrni]
Warmhalten	**Melegen tartani** [mälägän tortoni]
Wiederkommen	**Visszajönni** [wisssojönni]
Mit Dolmetscher wiederkommen	**Fordítóval visszajönni.** [fordihtohwol wisssojönni]

5. Ärztliche Maßnahmen

Absaugen	**Leszívni** [lässihwni]
Bestrahlung	**Besugárzás** [bäschugahrsahsch]
Blutdruckmessung	**Vérnyomásmérés** [wehrnjomahschmehrehsch]
Blutentnahme	**Vérvétel** [wehrwehtäl]
Bluttransfusion	**Vérátömlesztés** [wehrahtömlesstehsch]
Bohren	**Fúrás** [fuhrahsch]
Desinfektion	**Fertõtlenítés** [färtöhtlänihtehsch]
EKG	**EKG** [ekg]
Entfernung	**Eltávolítás** [ältahwolihtahsch]
Heftpflaster	**Ragtapasz** [rogtoposs]
Impfung	**Védõoltás** [wehdöholtahsch]
Katheter	**Katéter** [kotehtär]
Krankengymnastik	**Gyógytorna** [djohdjtorno]
Massage	**Maszírozás** [mossihrosahsch]

Narkose	**Altatás** [oltotahsch]
Operation	**Műtét** [mühteht]
Punktion	**Pontozás** [pontosahsch]
Röntgen	**Röntgen** [röntgän]
Ruhigstellung	**Nyugalmi állapot** [njugolmi ahllopot]
Schienung	**Sínbe tenni** [schihnbä tänni]
Sonographie	**Ultrahang** [ultrohong]
Spritze	**Injekció** [injektsioh]
Temperaturmessung	**Hõmérsékletmérés** [höhmehrschehklätmehrehsch]
Untersuchung	**Vizsgálat** [wischgahlot]
Verband	**Kötés** [kötehsch]
Zahnfüllung	**Fogtömés** [fogtömehsch]

6. Medikamente

Antibiotikum	**Antibiotikum** [ontibiotikum]
Drogen (im Sinne von Rauschmitteln)	**Drog / Kábítószer** [drog / kahbihtohssär]

Infusion	**Infúzion** [infuhsion]
Lutschtablette	**Szopogató tabletta** [ssopogotoh toblätto]
Saft	**Lé/Folyadék** [leh/fojodehk]
Salbe	**Krém** [krehm]
Schmerzmittel	**Fájdalomcsillapító** [fahjdolomtschillopihtoh]
Tablette	**Orvosság** [orwosschahg]
Tropfen	**Csöppek** [tschöppäk]
Zäpfchen	**Kúp** [kuhp]
Morgens	**Reggel** [räggäl]
Mittags	**Délben** [dehlbän]
Abends	**Este** [äschtä]
Vor dem Essen	**Evés elõtt** [äwehsch älöhtt]
Nach dem Essen	**Evés után** [äwehsch utahn]
Mit Wasser	**Vízzel** [wihssäl]
Esslöffel	**Evõkanál** [äwöhkonahl]

Telefonverzeichnis der Botschaften

A

Ägypten
☎ 030-477 54 70

Äthiopien
☎ 030-55 04 33

Afghanistan
☎ 030-229 26 12

Albanien
☎ 030-25 93 05-0

Algerien
☎ 030-48 09 87 24/26

Amerika
☎ 030-238 5174

Angola
☎ 030-24 08 97-10

Arabische Emirate
☎ 030-51 65 16

Argentinien
☎ 030-22 66 89-33/34

Armenien
☎ 030-40 50 91-0

Aserbaidschan
☎ 030-206 29 46

Australien
☎ 030-88 00 88-0

B

Bahrain
☎ 0228-95 76 1-0

Bangladesch
☎ 030-39 89 75-0

Belarus
☎ 030-53 63 59 33/34

Belgien
☎ 030-20 64 20

Benin
☎ 0228-94 38 7-0

Bhutan
☎ 0228-33 47 25

Bolivien
☎ 030-26 39 15-0

Bosnien u. Herzegowina
☎ 030-814 712 10

Brasilien
☎ 030-72 62 80

Brunei
☎ 030-20 60 76-0/-00

Bulgarien
☎ 030-201 09 22-26

Burkina Faso
☎ 030-30 10 599 0

Burundi
☎ 030-86 39 90 28

C

Chile
☎ 030-726 203-5

China
☎ 030-27 58 29 22

Elfenbeinküste (Côte d'Ivoire)
☎ 0228-21 20 90/98/99

D

Dänemark
☎ 030-50 50 20 00

Dominikanische Republik
☎ 030-257 57 76-0

E

Ecuador
☎ 030-238 62 17

El Salvador
☎ 030-206 46 60

Eritrea
☎ 030-446 746 0

Estland
☎ 030-254 606 00

F

Frankreich
☎ 030-20 63 90 00

G

Georgien
☎ 030-48 49 07-0

Ghana
☎ 030-477 444-0

Griechenland
☎ 030-20 62 60

Großbritannien/Nordirland
☎ 030-20 45 7-0

Guatemala
☎ 030-206 436-3

Guinea
☎ 0228-23 10 98

H

Haiti
☎ 030-88 55 41 34

Honduras
☎ 030-397 49 710/11

I

Indien
☎ 030-25 79 5-0

Indonesien
☎ 030-47 80 70

Irak
☎ 0228-95 02 4-0

Iran
☎ 030-84 35 3-0

Irland
☎ 030-22 07 20

Island
☎ 030-50 50 4000

Israel
☎ 030-890 45 500

Italien
☎ 030-25 44 00

J

Jamaika
☎ 030-85 99 45-0

Japan
☎ 030-21 09 40

Jemen
☎ 030-89 73 05-0

Jordanien
☎ 030-36 99 60-0

Jugoslawien
☎ 030-895 77 00

K

Kambodscha
☎ 030-48 63 79 01

Kamerun
☎ 0228-35 60 38

Kanada
☎ 030-20 31 20

Kap Verde
☎ 030-20 45 09 55

Kasachstan
☎ 030-47 00 7-113/110

Katar
☎ 0228-95 75 2-0

Kenia
☎ 030-259 266 0

Kirgisistan
☎ 030-34 78 13 37

Kiribati
☎ 040-36 14 6-112

Kolumbien
☎ 030-26 39 61-0

Kongo
☎ 0228-85 81 60

Korea
☎ 030–229 31 89

Kroatien
☎ 030-21 91 55 14

Kuba
☎ 030-91 61 18 11

Kuwait
☎ 030-897 300-0

L

Laos
☎ 030-89 06 06 47

Lesotho
☎ 030-257 57 20

Lettland
☎ 030-826 00 222

Libanon
☎ 030-474 98 60

Liberia
☎ 0228-34 08 22

Libyen
☎ 0228-82 00 90

Litauen
☎ 030-89 06 81-0

Luxemburg
☎ 030-26 39 57-0

M

Madagaskar
☎ 03322-23 14-0

Malawi
☎ 030-80 49 53 08

Malaysia
☎ 030-88 57 49-0

Malediven
☎ 06172-86 78 33

Mali
☎ 030-31 99 88-3

Malta
☎ 030-26 39 110

Marokko
☎ 030-20 61 240

Mauretanien
☎ 030-206 58 83

Mauritius
☎ 030-263 93 60

Mazedonien
☎ 030-890 69 50

Mexiko
☎ 030-26 93 23-0

Moldau (Moldawien)
☎ 030-44 65 29 70

Monaco
☎ 030-26 39 03-3

Mongolei
☎ 030-447 35 122

Mosambik
☎ 030-39 87 65 00

Myanmar
☎ 030-206 15 710

N

Namibia
☎ 030-25 40 95-0

Nepal
☎ 030-343 59 920-22

Neuseeland
☎ 030-20 62 10

Nicaragua
☎ 030-206 43 80

Niederlande
☎ 030-20 95 60

Niger
☎ 0228-350 27 82

Nigeria
☎ 030-21 23 00

Norwegen
☎ 030-50 50 50

O

Österreich
☎ 030-202 87-0

Oman
☎ 0228-35 70 31-34

P

Pakistan
☎ 030-21 24 4-0

Panama
☎ 030-226 05 811

Papua-Neuguinea
☎ 0032-2-7790609

Paraguay
☎ 030-319 98 60

Philippinen
☎ 030-864 95 00

Polen
☎ 030-22 313-0

Portugal
☎ 030-59 00 63 50-0

R

Ruanda
☎ 0228-3 67 02 36

Rumänien
☎ 030-803 30 18

Russische Föderation
☎ 030-229 11-10

S

Sambia
☎ 030-206 29 40

Saudi-Arabien
☎ 030-889 25-0

Schweden
☎ 030-50 50 60

Schweiz
☎ 030-390 40 00

Senegal
☎ 0228-21 80 08

Sierra Leone
☎ 0228-35 20 01

Simbabwe
☎ 030-206 22 63

Singapur
☎ 030-226 34 3-0

Slowakei
☎ 030-88 92 6-20

Slowenien
☎ 030-20 61 45-50

Spanien
☎ 030-25 40 07-0

Sudan
☎ 030-890 69 80

Südafrika
☎ 030-220 73-0

Syrien
☎ 0228-81 99 20

T

Tadschikistan
☎ 030-34 79 30-0

Thailand
☎ 030-79 48 10

Togo
☎ 0228-367 68 57

Tschad
☎ 0228-35 60 26

Tschechische Republik
☎ 030-22 63 80

Türkei
☎ 030-27 58 50

Tunesien
☎ 030-30 82 06 73/74

U

Ukraine
☎ 030-28 88 7-0

Ungarn
☎ 030-203 10-0

Uruguay
☎ 030-263 90 16

Usbekistan
☎ 030-39 40 98-0

V

Venezuela
☎ 030-832 24 00

Vietnam
☎ 030-53 630 108

Z

Zypern
☎ 030-308 68 3-0

1	2	3	4	5	6	7	8	9
10	20	30	40	50	60	70	80	90
100	200	300	400	500	600	700	800	900
				1000				

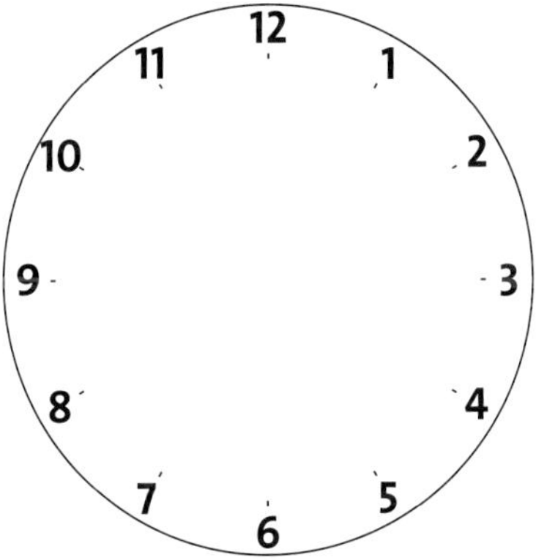